G 1563.
Q.

15564

MÉMORIAL.

FÉVRIER 1826.

AVIS.

A la fin de chaque année, il sera publié une *Chronologie générale*, qui en même temps servira de table aux douze volumes de l'année.

IMPRIMERIE DE GUEFFIER,
rue Guénégaud, n°. 31.

MÉMORIAL

POLITIQUE, LITTÉRAIRE ET INDUSTRIEL,

ou

ANNALES

DE L'HISTOIRE, DES SCIENCES ET DES ARTS,

PUBLIÉ

Par P. J. S. DUFEY (de l'Yonne), Avocat.

FÉVRIER 1826.

PARIS,

CHEZ RAYMOND, ÉDITEUR,

RUE DE LA BIBLIOTHÈQUE, N°. 4.

1826.

MÉMORIAL

POLITIQUE, LITTÉRAIRE ET INDUSTRIEL,

ou

ANNALES

DE L'HISTOIRE, DES SCIENCES ET DES ARTS,

PUBLIÉ

Par P. J. S. DUFEY (de l'Yonne), Avocat.

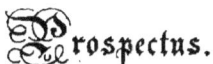

Nouveau Bachaumont, tel est le titre que nous aurions pu adopter pour le nouvel ouvrage que nous annonçons, si, dirigé sur le même plan que les *Mémoires Secrets*, le *Mémorial* ne traitait que les mêmes sujets; mais tout est changé dans les mœurs, les goûts et les besoins de la France nouvelle. Une chute ou un succès théâtral ou littéraire ne sont plus qu'un événement ordinaire, et les petites révolutions des boudoirs qu'un scandale privé : le public n'attache plus d'importance qu'à ce qui est vraiment utile; il ne porte plus son attention que sur ce qui intéresse la gloire et la prospérité nationales. « La Cour ne donne plus le ton à Paris, et Paris à la province, » a dit M. Daru, dans son discours à l'Académie française pour la réception de M. Mathieu de Montmorency. Rien de plus vrai que cette observation du savant académicien, et la révolution morale dont il parle a été un bienfait inappréciable pour la Cour elle-même, pour Paris, et ce qu'on appelait province. Ce qui constitue essentiellement la nation, cette imposante majorité, qui a le sentiment de sa dignité et de sa force, est unie par les mêmes vœux et les mêmes intérêts. La considération publique n'a plus pour objet que ce qui est utile; il n'y a plus d'honorable que ce qui est juste, de respectable que les talens et les vertus; on ne connaît plus d'autre puissance que celle de la loi, d'arbitre des hommes et des choses, que l'opinion, qui domine et dirige toutes les parties de l'économie sociale.

Organes de cette opinion, les journaux se sont multipliés et agrandis. La nation est devenue sérieuse sans cesser d'être gaie.

Jalouse de ses droits, fidèle à ses devoirs, elle s'alarme de tout ce qui pourrait troubler l'ordre établi par les lois, dont la liberté de la presse est la plus sûre garantie. La vérité jaillit du choc des opinions; car la calomnie n'ose se montrer qu'avec la certitude de n'être pas combattue. La lecture des journaux est devenue le besoin de toutes les classes de la société. Quelques articles n'ont que l'intérêt du moment, d'autres appartiennent à l'histoire : on désire les conserver pour les consulter au besoin : mais nul indice n'en fixe la date et le sujet dans la mémoire des lecteurs. On doit peu regretter ce qu'on doit oublier sans inconvénient; mais on désire avoir sous la main, et sans se livrer à de pénibles recherches, tout ce qui peut long-temps intéresser nos souvenirs. Un recueil qui, dans un cadre resserré, mais exact, offrirait dans un ordre régulier le texte, ou du moins l'analyse d'un discours remarquable, d'un événement extraordinaire, d'une loi ou d'un acte du gouvernement; un tel ouvrage, considéré même comme simple répertoire, serait d'une utilité incontestable.

Tel est l'ouvrage que nous annonçons. Les événemens du mois, l'analyse des ouvrages nouveaux, les inventions et les découvertes utiles, les productions des sciences, des lettres et des arts, le texte des lois et des ordonnances d'un intérêt général, les procès notables, les nouveautés théâtrales, y sont classés à la date de leur apparition.

On a réuni aussi, en suivant toujours l'ordre chronologique, mais dans un seul cadre, les débats des chambres législatives : présentées ainsi sans lacune, les discussions offrent un ensemble plus complet et plus intéressant.

Le *Mémorial* n'est pas une servile compilation; les grandes questions qui intéressent la législation, les sciences, les arts, l'économie politique, y sont traitées dans des articles spéciaux. Ces questions, déjà traitées et exposées par la polémique des journaux, ont rendu les brochures inutiles. En résumant les opinions des divers journaux, les rédacteurs du *Mémorial* suppléeront à ce qui aura pu échapper aux feuilles quotidiennes, dont les rédacteurs ne peuvent pas toujours donner à leur travail toute la maturité nécessaire : et souvent d'utiles recherches peuvent fournir à une opinion, d'ailleurs impartiale et judicieuse, l'appui de quelques autorités positives.

Dans le choix des autorités qu'ils invoqueront à l'appui de leurs assertions, les rédacteurs du *Mémorial* s'attacheront surtout à celles dont l'authenticité et les principes ne pourront être contestés par les hommes éclairés et de bonne foi de toutes les opinions. Ainsi dans leur publication de ce mois (*Février*), en signalant le danger de confier l'éducation publique à des congrégations religieuses, et spécialement aux jésuites, ils ont invoqué l'opinion et les doctrines du cardinal de Richelieu, de l'annotateur des Mémoires de Sully, et des deux procureurs-généraux des parlemens de Rennes et de Dijon. La lettre de M. Courvoisier, procureur-général à la cour royale de Lyon,

a été le sujet de ces observations. (*Voyez le volume de février,
p. 16 et suivantes.*)

Cette remarque s'applique également à leurs articles sur le jubilé et sur le droit d'aînesse, etc.; quant aux tragédies et aux drames, dont le sujet est emprunté à l'histoire, ils feront précéder leurs observations sur la pièce, d'un précis purement historique, pour éclairer le lecteur sur les changemens que l'auteur a cru devoir se permettre pour donner au sujet qu'il a traité une forme dramatique.

Afin de faciliter la recherche des articles, chaque volume est suivi d'une table sommaire, et il y sera joint, à la fin de chaque année, une table générale alphabétique, chronologique et raisonnée; ainsi la collection de chaque année formera le répertoire le plus complet et le plus commode, et tiendra lieu de tous les journaux et de toutes les nouveautés qu'on ne peut utiliser faute d'indications indispensables, et qui exigeraient un travail de tous les jours. Le *Mémorial* suppléera aux volumineuses collections de journaux et de productions scientifiques et littéraires; il en offrira tous les avantages sans en avoir les inconvéniens.

Chaque volume formera 120 à 150 pages, d'une impression conforme à ce prospectus, de sorte qu'à la reliure, les 12 volumes de l'année pourront facilement être réunis en deux. On voit, d'après la matière contenue dans nos pages, que le volume serait plus du double par une impression ordinaire.

CONDITIONS DE L'ABONNEMENT.

Le prix de chaque volume, *franc de port, pour toute la France*, est de 2 fr. 50 c., et pour l'étranger 3 fr.

Les souscripteurs aux 12 volumes de l'année recevront gratis le volume de la table alphabétique et chronologique.

Le volume du mois sera toujours publié dans les premiers jours du mois suivant.

Le volume de février est en vente, celui de mars sera publié vers le 15 avril, celui de janvier est sous presse.

Les lettres et l'argent doivent être adressés à l'éditeur, M. Raymond, rue de la Bibliothèque, n°. 4, à Paris.

On s'abonne également chez MM. les directeurs de poste et chez les principaux libraires des départemens.

MÉMORIAL POLITIQUE

Littéraire et Industriel,

OU

ANNALES DE L'HISTOIRE, DES SCIENCES ET DES ARTS.

FÉVRIER 1826.

1ᵉʳ. *Février.* — Les Chambres se sont assemblées aujourd'hui : les premières séances, consacrées à l'organisation des bureaux, offrent peu d'intérêt.

M. Lalli-Tollendal a été chargé, à la Chambre des pairs, de la rédaction de l'adresse en réponse au discours du trône, prononcé par S. M. dans la séance royale d'hier. (Voyez le *Mémorial* du mois de janvier, et ci-après *débats des Chambres.*)

Les séances du 1ᵉʳ. février et des jours suivans ont été employées, dans la Chambre des députés, à la formation des bureaux et à la délibération de l'adresse en réponse au discours du trône. (*Voyez débats des Chambres.*)

1. — On apprend avec plus de satisfaction encore que de surprise le résultat du second tour de scrutin du Collége électoral de l'arrondissement de Vervins. Le nombre des votans était de 196 : M. le général Sébastiani a obtenu 117 suffrages, M. le duc de Brancas Cerest, candidat ministériel, 77 ; le général Caffarelli 2. Le général Sébastiani a été proclamé député.

Plusieurs journaux publient aujourd'hui l'article suivant, qu'ils ont emprunté à la *Gazette de Lauzanne* :

« Le grand duc Nicolas Paulowitsch, actuellement empereur, est d'une haute stature et bien formé de corps. Il a l'air martial et un coup d'œil scrutateur qui intimide par fois ceux qui ont l'honneur de l'approcher. Il a l'habitude du travail et s'occupe surtout des sciences exactes et militaires : il est même parvenu, dans ces matières difficiles, au plus haut degré de science. L'art des fortifications lui est familier, et il connaît à fond tout ce qui y a rapport pour ce qui concerne la Russie.

» Ce prince a d'ailleurs infiniment d'ordre dans ses affaires, et entend parfaitement la comptabilité. Le palais Antischkoff, qu'il a habité jusqu'à son avénement au trône, était un modèle d'élégance, d'ordre et de bonne tenue. Il aime beaucoup la tactique et surtout la bonne musique militaire. Il a même des talens pour cet art. Il a formé pour les corps des mineurs et pionniers sous ses ordres, par les soins d'un habile artiste, nommé Stein, la plus belle musique de cors que l'on puisse entendre en Europe.

» Le théâtre Français doit beaucoup à l'empereur Nicolas et à son épouse l'impératrice Alexandrine : il l'a soutenu contre les intrigues de quelques Russes exclusifs, et a souvent fait jouer les artistes français dans les fêtes qu'il donnait au palais Antischkoff. Ce prince jouit d'une santé brillante ; il prend beaucoup d'exercice en faisant manœuvrer les troupes : souvent on l'a vu dans la nuit, et par un froid rigoureux, faire le tour des corps-de-garde, pour s'assurer par ses propres yeux que tout était en ordre.

» Le grand duc Alexandre Nicolaswich, fils de l'empereur actuel, est un enfant d'environ sept ans, d'une figure charmante et donnant les plus belles espérances : il a, depuis un an, un chevalier qui l'accompagne à la promenade et le surveille dans ses jeux ; c'est le major Mœrder, ci-devant capitaine au corps des cadets nobles. Le jeune prince se promène souvent en costume de colonel de hussards, et salue avec une politesse charmante les personnes qui le rencontrent et qui lui rendent les hommages qui sont dus à sa naissance. Il parle russe, français, anglais et allemand. »

L'auteur de ce portrait peut être aussi sincère que poli. Il ne laisse rien à désirer pour les qualités extérieures et les talens. C'est toujours d'un heureux augure ; le temps découvrira la partie de ce séduisant tableau, que le peintre a voilé par respect ou par discrétion.

1. — Une lettre particulière de Livourne, du 20 janvier, annonce que la campagne d'hiver, destinée à l'extermination entière des Grecs, tourne à la honte éternelle de leurs ennemis. Un juif, agent de Méhémet-Ali, et qui est préposé à la construction des bâtimens de guerre que l'on fabrique à Livourne pour le compte du vice-roi d'Egypte, est plongé dans la plus profonde affliction. Un bâtiment expédié de Zante lui a apporté la nouvelle suivante :

» Ibrahim-Pacha, furieux du revers éprouvé le 27 décembre par l'armée de Reschild-Pacha, qu'il avait renforcée par 7000 hommes d'élite, engagea le capitan Pacha Méhémet-Topal à risquer le sort d'une bataille contre les Hellènes.

» L'escadre de Miaoulis ne comptait que vingt-six bricks qu'il paraissait facile d'écraser, et l'affaire fut résolue. La flotte turque ayant appareillé le 6 janvier, fut étrangement surprise, après avoir doublé le cap Papa, de se trouver en présence de l'armée navale grecque, composée de soixante-seize bâtimens de guerre. Les Turcs étaient néanmoins encore supérieurs en nombre. Ils avaient deux vaisseaux rasés, quatorze frégates, des corvettes, des bricks, des chebecs, des polacres, en tout quatre-vingt-dix-huit bâtimens de guerre.

» Les Grecs, par la supériorité de leurs manœuvres, ayant gagné le vent, engagèrent la canonnade le 8 au lever du soleil. La victoire fut long-temps disputée. Miaoulis ayant vu mettre en pièces son bâtiment, échappa avec son équipage au plus éminent danger et arbora son pavillon sur un autre vaisseau. L'incendie d'une frégate ottomane par les brûlots jeta le désordre et l'épouvante dans les lignes ottomanes.

» Le correspondant de l'agent de Méhémet-Ali à Livourne ajoutait qu'indépendamment de la perte du brick que montait Miaoulis au commencement de l'action, les Grecs en avaient perdu trois autres; que de leur côté les Turcs avaient eu trois frégates incendiées, un de leurs vaisseaux rasés avait échoué sur les hauts fonds de Missholonghi, et quatorze bâtimens étaient tombés au pouvoir des Hellènes.

» Après cet échec le capitan Pacha Topal-Pacha s'est retiré sous les canons du château de Lepante : tout annonce qu'il sera anéanti, s'il ose reprendre la mer pour se rendre soit à Mytilène, soit aux Dardanelles, où il craindra sans doute de se présenter s'il veut conserver sa tête. »

Des lettres ultérieures ont confirmé cette heureuse nouvelle.

1. — Une coterie plus ombrageuse que juste poursuit Napoléon jusque dans le silence de la tombe : les amis de la liberté, pour qui son existence politique fut une longue calamité, méditent en silence sur les étonnantes vicissitudes d'une vie si féconde en événemens extraordinaires. De pareils souvenirs ne doivent être qu'une grande leçon et ne peuvent plus être un danger; et s'il est vrai que sa double abdication n'eut pour cause que l'horreur de la guerre civile, ce trait doit imposer silence à toutes les préventions.

Il est néanmoins douteux que la censure préventive eût permis aux feuilles périodiques les renseignemens qu'elles viennent de publier sur Sainte-Hélène.

Leurs récits présentent deux versions contradictoires : suivant les unes, le tombeau de Napoléon est un grand monument en marbre qu'ombragent des rosiers, des saules-pleureurs et des pêchers : cette version est empruntée au Montly-Magazine.

Sur la foi d'un voyageur récemment arrivé de Sainte-Hélène, un autre journal affirme que le tombeau n'est point en marbre, mais formé de pierres de dalles enlevées d'une cuisine de Longwood : une double enceinte renferme ce tombeau; la première de forme circulaire, d'environ trente pieds de diamètre, est en bois : la seconde, formée d'une grille de fer, posée sur des socles en pierre, laisse autour du tombeau un espace qui permet d'en faire le tour.

Aux quatre coins on voit encore debout les quatre morceaux de bois que madame Bertrand y avait plantés pour servir de tuteurs à ses rosiers; mais les rosiers sont morts. Les cinq saules-pleureurs, ainsi que les pêchers qui se trouvent en dedans de la grande enceinte, existaient en ce lieu avant qu'il n'eût reçu la dépouille mortelle de Napoléon. Un invalide est chargé de la garde de ce simple monument, et même aujourd'hui personne ne peut le visiter sans être accompagné d'un officier de la garnison. Quant à la maison qu'habitait Napoléon, rien n'indique quels hôtes elle a reçus. Il serait difficile de soupçonner qu'elle a pu être ce qu'on appelle à la campagne une maison de maître.

Un moulin, une grange, des écuries, telle est la destination donnée aux bâtimens de Long-wood, et cependant Hudson-Love ne commande plus à Sainte-Hélène.

1. — Le ministère, qui, du moins par un simple sentiment de convenance, devrait être étranger aux élections, ne prend pas même la peine de dissimuler ses démarches. Les candidats qu'il protège et qu'il désigne ouvertement sont proclamés d'avance par ses journaux.

Le candidat constitutionnel au Collége de Lisieux était M. Dupin aîné, que recommandaient les antécédens les plus honorables et de rares talens. Le candidat ministériel, M. le Marquis de Neuville, avait pour lui la protection du président du Conseil des ministres, son parent.

M. de Cacheleu, vice-président du Collége électoral, avait-il besoin de lui prêter encore l'appui de son éloquence? Ne lui suffisait-il d'annoncer aux électeurs que leur état actuel ou leurs espérances mettaient à la discrétion des ministres, que M. le Marquis de Neuville était parent de M. le ministre des finances? Pour mettre nos lecteurs à même de prononcer sur le mérite de cette considération, et sur le degré de force du talent oratoire de M. le vice-président du Collége électoral, nous leur citerons le passage le plus remarquable, et auquel l'auteur avait sans doute donné une tout autre destination.

« Permettez-moi, Messieurs, a-t-il dit, de soumettre mes observations à vos sérieuses réflexions. Le moment actuel n'est plus de ces temps ordinaires où l'on pouvait regarder comme indifférent, comme utile peut-être, de mettre en conflit les passions les plus opposées. Un événement grave, un événement majeur vient d'arriver en Europe, et déjà de sombres nuages se sont montrés vers le Nord. Qui peut nous répondre qu'ils n'en attireront pas d'autres de tous les points de l'horizon? Qui sait si des orages, et peut-être des orages lointains et terribles, ne viendront pas troubler l'heureux calme dont nous jouissons?... Dans de telles circonstances, et tandis que notre auguste chef aurait besoin de réserver toute l'application de son esprit au soin d'éviter des écueils inconnus, pensez-vous qu'il soit prudent de nous livrer à des dissensions intestines ?.... »

On ne peut pas croire que dans ces mots, *notre chef auguste*, l'orateur ait entendu désigner S. M. C'eût été une inexcusable inconvenance; il n'entendait parler sans doute que du chef du Conseil des ministres, et il en tirait cette conséquence, qui n'a point échappé à la majorité des électeurs dévoués, qu'à la tribune de la Chambre des députés un silencieux marquis est moins redoutable pour le ministère qu'un savant et éloquent jurisconsulte. Et M. le Marquis a été élu à une bien faible majorité, il est vrai; mais cette circonstance même prouve que rien n'a été négligé pour assurer un tel succès. Ces tempêtes, que craint tant M. de Cacheleu, sont loin de nos parages; ils ne pourraient les atteindre. La saison des orages est très-avancée. L'orateur n'a point aperçu l'immense espace qui sépare Lisieux de l'extrémité septentrionale de l'Europe, et ses nuages voyageurs n'arriveront pas jusqu'à notre heureux climat.

1. — M. Bonnet, membre de la Chambre des députés, est reçu à la Cour de cassation; il succède à M. Gandon, admis à la retraite avec le titre de conseiller honoraire. M. Desèze, premier président, a adressé à M. Bonnet un discours très-flatteur pour ce nouveau membre de la Cour de cassation.

Avant de déférer aux tribunaux le nouveau procureur du roi à Domfront, madame veuve Bertrand a cru devoir consulter les avocats les plus distingués du barreau de Paris. Son mémoire et la consultation de ces jurisconsultes viennent d'être rendus publics. Nous en extrairons l'exposé textuel des faits et l'avis des avocats.

« M. Bertrand l'Hosdiesnière, procureur du roi à Falaise avant la révolution, et depuis membre de l'assemblée législative, de la convention et du conseil des cinq-cents, mourut à sa terre de la Carneille, le 30 mars 1819.

« Sa famille sollicita du maire et du conseil municipal la permission de lui faire élever un monument funèbre, dans le cimetière de la commune où il avait été inhumé. Les membres du conseil municipal y consentirent et offrirent même d'y contribuer; mais il ne fut rédigé aucun procès-verbal de cette délibération.

» Quoi qu'il en soit, un monument en marbre noir couvrit sa cendre et reçut pour inscription :

» *Sa patrie perdit en lui un de ses meilleurs citoyens,*
Et la liberté un de ses plus zélés défenseurs.

Six ans plus tard, le 20 septembre 1825, à huit heures du matin, un jeune homme nouvellement nommé aux fonctions de procureur du roi à Domfront, se transporta à la Carneille, accompagné de la brigade de gendarmerie du canton de Flers, et d'un manœuvre, fit entourer le cimetière par les gendarmes, escalader par le manœuvre une grille de fer haute de six pieds qui entoure le tombeau et enlever avec un instrument de fer l'inscription ci-dessus rapportée. Il fit en outre mutiler le monument, et briser, de l'un des côtés, deux morceaux de marbre de plus d'un pied et demi. Il se retira avec son escorte.

» Ce fait se passa en l'absence des autorités locales, et en présence de la majeure partie de la population.

» La famille fut informée par la clameur publique de cette voie de fait, d'autant plus inattendue que depuis six ans ce tombeau était un objet de respect pour les habitans, et qu'elle n'avait été instruite d'aucune manière qu'il déplût à l'autorité.

« Madame veuve Bertrand et son fils, qui habitaient la commune, se transportèrent aussitôt auprès du Maire et le sollicitèrent en vain de constater cette voie de fait et d'en rédiger procès-verbal; ils ne furent pas plus heureux auprès de l'adjoint. »

« Le juge de paix étant éloigné, madame Bertrand et son fils signifièrent au Maire et à l'adjoint un acte extra-judiciaire, contenant l'énonciation du fait et une nouvelle invitation de le constater. Ces deux officiers de police judiciaire ne jugèrent pas à propos d'y déférer. »

« N'ayant plus aucun moyen d'obtenir la constatation de cette voie de fait, madame veuve Bertrand et son fils en rédigèrent eux-mêmes un double procès-verbal, qu'ils firent signer par les plus notables habitans de la Commune. »

« Dans ces circonstances, la veuve et les enfans de M. Bertrand l'Hosdiesnieres pensant que ce serait accuser la loi d'insuffisance et la justice de partialité, que de ne pas recourir aux moyens légaux pour faire réprimer cette voie de fait, qu'ils s'abstiennent pour ce moment de qualifier autrement, demandent :

« 1°. Quelles sont en droit les qualités du fait ci-dessus rapporté ; 2°. quelle est la marche à suivre pour en obtenir réparation ?

MM. Billecocq, Merilhou, le Graverend, Dupin, Lanjuinais, Odillon-Barrot, Isambert, Barthe et Dutrone, ont répondu dans leurs consultations :

« 1°. Que les faits rapportés dans le mémoire constituent tout à la fois *la violation des tombeaux et des sépultures*, prévue par l'article 257, et la destruction partielle d'une construction appartenant à autrui, prévue par l'article 437 du Code pénal.

« 2°. Que M. le procureur du Roi peut être poursuivi sans qu'il soit besoin de l'autorisation du Conseil-d'État.

« 3°. Que le rappel des faits qui furent personnels à M. Bertrand l'Hosdiesnieres ne peut pas être un moyen de justification, etc. »

On assure que madame veuve Bertrand s'est, en conséquence, constituée partie civile, dans la plainte adressée à M. le premier

Président et à M. le Procureur général de la Cour Royale de Caen.

1. — Marié en 1810, J...., boulanger à Phalsbourg, fut obligé de quitter sa jeune épouse et de partir pour l'armée : il fut fait prisonnier et conduit à huit cents lieues du champ de bataille. Sa femme ne recevant point de ses nouvelles, avait obtenu du tribunal l'autorisation de se remarier ; cette autorisation était sans doute motivée sur un acte qui offrait du moins la présomption légale de veuvage. Elle épousa en 1817 le sieur B.... Mais, la même année, son premier époux revint : il apprit avec plus de chagrin que de colère les nouveaux nœuds que sa femme avait contractés. Il ne crut pas devoir faire aucune démarche pour les faire rompre, et lui-même contracta un second mariage : sa nouvelle épouse le rendit père de six enfans. Il la perdit en 1825. Le second époux de sa première femme mourut à la même époque, et le 26 décembre il se réunit à elle. La Gazette des Tribunaux, à laquelle nous empruntons cette anecdote, dit qu'ils se remarièrent. Ce serait une singularité de plus dans cette étrange suite d'événemens domestiques. Ce second mariage était-il légal et nécessaire? Nous abandonnons cette question aux légistes, et nous nous bornerons à rappeler ce refrein d'une vieille chanson, qu'un de nos plus spirituels écrivains dramatiques a rajeunie :

> Et l'on revient toujours
> A ses premiers amours.

1. — La Cour de Cassation est une des plus sages institutions que la révolution a créées. Elle a survécu à toutes les innovations qui depuis ont supprimé ou mutilé l'ordre judiciaire établi par l'Assemblée Constituante. Etranger aux considérations locales ou individuelles, ce tribunal suprême veille à l'exacte observation des lois dans les jugemens qui lui sont déférés : ce droit de censure est la plus forte garantie des citoyens contre l'arbitraire ou l'inexpérience des premiers juges. La perte d'un de ces magistrats qui ont vieilli dans des hautes fonctions et qui n'ont dû leur admission dans notre premier corps judiciaire qu'aux suffrages de leurs concitoyens, est un malheur difficile à réparer.

M. Brillat Savarin, ancien député aux Etats-Généraux de 1789, avait été élu à la Cour de Cassation à l'époque où ces places étaient électives. Il est mort d'une fièvre catarrhale, dont il avait ressenti les premières atteintes à la dernière cérémonie funèbre de Saint-Denis (21 janvier). Ses compatriotes du département de l'Ain, qui se trouvent à Paris, se sont empressés de payer à sa mémoire un dernier tribut d'estime et de reconnaissance. Ce vénérable magistrat joignait à une rare impartialité, à de vastes connaissances en législation, toutes les vertus privées et politiques. Il fut l'un des fondateurs de la société d'encouragement pour l'industrie nationale, qui a si heureusement rempli sa destination et exercé une constante influence sur les étonnants progrès de nos manufactures. Les ouvrages qu'a publiés M. Brillat Savarin sur différentes matières de jurisprudence, le duel, les nouvelles découvertes industrielles, lui assuraient un rang distingué parmi les savants : il traitait avec la même profondeur d'érudition et de pensée les matières les moins graves : on reconnaissait le cachet de son talent dans son dernier ouvrage (*la physiologie du goût*), auquel il n'avait pas attaché son nom. De nombreux amis suivirent le convoi funéraire de ce vénérable et savant magistrat.

1. — Les nouvelles républiques de l'Amérique méridionale n'ont point repoussé le bienfait de la tolérance religieuse.

On lit dans une lettre de Genève, en date du 27 janvier, et publiée dans le Constitutionnel : « Il vient d'arriver ici sept jeunes gens de la république de Buenos-Ayres, amenés par un Français, agent de cet Etat et instruit dans la religion réformée. Les intentions des parens étaient si positives à cet égard qu'ils ont été placés de suite en pension chez un de nos ministres protestants. Ces jeunes gens de l'âge de huit à douze ans, appartiennent aux meilleures familles de Buénos-Ayres. Si cet essai d'éducation républicaine et protestante réussit, comme tout le fait espérer, notre collége et nos pensionnats ne tarderont probablement pas à être fréquentés par un grand nombre de jeunes Américains libres, qui, dans le siècle dernier, auraient eu pour instituteurs les jésuites de l'Assomption.

2. — Représentation extraordinaire au bénéfice de Vestris.

Si en pareil cas le prix des places est augmenté, le spectacle est au moins doublé, le public en a pour son argent, et tous les spectateurs n'ont pas le courage d'en subir la durée. La représentation dont nous parlons était très-variée. *Il consiglio dei dilettanti*, intermède italien ; la comédie des Jeux de l'Amour et du Hasard, le troisième acte de l'Otello de Rossini, et le ballet de Paul et Virginie.

C'est pour Vestris sans doute que l'auteur de la dansomanie a mis dans sa partition l'air : *Sans chanter peut-on vivre un jour ?* Ce doyen de l'Académie royale de Musique est encore un excellent mime, et jamais il n'a mieux joué le rôle de Domingo, qu'il avait créé avec un succès désespérant pour ses successeurs.

Le public a fait honneur à la lettre de change que le bénéficiaire avait tirée sur lui. Cet effet avait été escompté. De puissantes raisons avaient déterminé Vestris à faire cette prudente et lucrative négociation : cette opération, dont le mystère seul pouvait garantir le succès, n'a été connu qu'après l'événement.

1. — Les poëtes tragiques peuvent, dans les sujets d'invention, prêter à leurs personnages le caractère qu'ils veulent, il suffit qu'ils observent les mœurs du temps et les usages des localités. Mais quant aux sujets qu'ils empruntent à l'histoire, ils ne devraient point s'écarter de la tradition reçue, et imiter sous ce rapport l'auteur du Siége de Calais.

La révolution excitée à Rome, par Rienzy, dans le quatorzième siècle, est un des événemens les plus remarquables de l'époque. Rienzy, né plébéien, avait reçu une éducation soignée, il passait pour l'un des hommes les plus instruits de son temps. Il conçut le généreux dessein d'affranchir sa patrie du joug de quelques familles nobles qui la tenaient asservie sous le joug le plus despotique et le plus abject.

Nommé député vers le pape Clément VI, qui résidait à Avignon, pour l'engager à revenir à Rome, il avait charmé ce pontife par son éloquence. Encouragé par ce premier succès, il peignit sous les traits les plus énergiques les grands de Rome, et parvint à les rendre odieux au pape. Mais le cardinal Colonne, irrité de la hardiesse avec laquelle Rienzy avait dans ses discours attaqué ses parens, parvint, à force d'intrigues, à le rendre suspect et à le faire chasser de la cour.

Rienzy ne put, sans la plus vive douleur, voir tous ses projets anéantis par sa disgrâce. Il tomba malade de chagrin et fut réduit à chercher un asile et des secours dans un hôpital. Le cardinal Colonne lui-même fut touché de son malheur et s'empressa de réparer ses torts. Il le présenta de nouveau à la cour pontificale, et bientôt le pape Clément le nomma notaire apostolique, et Rienzy revint à Rome.

Il conçut l'espoir de réussir dans ses premiers desseins; il s'insinua parmi le peuple, et parvint bientôt à se faire de nombreux partisans. Assuré de leur appui, il assembla tout le peuple sur le Mont-Aventin en 1347; là, il retraça avec des couleurs si vives, si vraies, une éloquence si entraînante, et à laquelle le lieu semblait prêter une nouvelle énergie, la misère publique, l'orgueil et la rapacité de la classe privilégiée, tous les abus, tous les crimes d'une autorité usurpée par les grands, la nécessité d'affranchir la patrie, les moyens prompts et rapides de conquérir et d'assurer la liberté, que toute l'assemblée répondit par des transports unanimes de reconnaissance et de dévouement.

Rienzy présenta et fit signer à l'intant même aux Romains le serment de tout sacrifier pour assurer leur indépendance, qu'il appelait le bon Etat, et, suivi de toute la population, il se rendit au Capitole, où, après une harangue toute républicaine, il proposa quatorze lois qu'il avait préparées pour l'administration du nouveau gouvernement.

Le peuple, auquel l'espoir d'un meilleur avenir et ces mots si puissans et si nouveaux pour lui, ces mots patrie, liberté, avaient donné une nouvelle existence, approuva par acclamation les lois proposées par Rienzy et lui déféra l'autorité suprême sous le titre de *Tribun*.

Rienzy, convaincu que la vertu est l'âme des républiques, montra d'abord une inflexible sévérité contre tous les genres de corruption et d'immoralité, et bientôt Rome fut purgée de tous les malfaiteurs, de tous les scélérats qui l'infestaient.

Il conçut un plan plus vaste, et dont le succès était la plus solide garantie de l'indépendance de sa patrie ; il résolut de se rendre maître de l'Italie et de former une ligue générale du *bon Etat*. Il leva une armée de vingt mille hommes. Il se rendit si redoutable, que l'empereur Louis de Bavière, le roi de Hongrie et la reine de Naples, entrèrent avec lui en négociation et que le pape et les cardinaux envoyèrent des députations solennelles pour le féliciter sur ses succès.

Rienzy eût peut-être résisté aux séductions d'un grand pouvoir, mais ses entours l'égarèrent. Les courtisans seuls connaissent toute la force des influences domestiques, c'est sur elles qu'ils fondent toutes leurs espérances, c'est le but et l'aliment de ce qu'on est convenu d'appeler le talent d'un homme de cour. Le peuple ignore presque toujours la véritable cause des maux qui l'accablent, et de ces révolutions de cour dont il subit toutes les conséquences. La femme de Rienzy affectait l'orgueil et les prétentions d'une souveraine, et son exemple devint contagieux pour son époux.

Il perdit la confiance publique, et avec elle toute son autorité. Il remit son pouvoir au peuple après l'avoir exercé sept mois. Il s'était ensuite retiré au château Saint-Ange, où il avait été d'abord bien accueilli ; mais les insistances du pape l'ayant forcé d'en sortir, il s'était retiré dans un ermitage, où il resta caché pendant un an. Il revint ensuite secrètement à Rome, où il fit de nouveaux efforts pour ramener à la liberté un peuple plus turbulent que brave : il s'estima trop heureux d'échapper aux dangers de quelques émeutes et se sauva à Raguse.

Un attrait invincible le rappelant encore dans sa patrie, il se rendit à Avignon dans l'espoir d'en être favorablement reçu par le pape Clément VI, et, il faut le dire, cet espoir paraissait fondé. Mais ce n'était qu'un piége offert à sa crédulité. A peine arrivé, il fut enfermé dans une tour. Sa perte était résolue, son procès commença immédiatement. La mort de Clément VI en arrêta la conclusion. Innocent VI, successeur de Clément, fit mettre Rienzy en liberté, non par un sentiment de justice, mais pour l'opposer à un ambitieux puissant, qui s'était rendu maître de Rome. Rienzy remplit sa mission avec succès. Mais à peine eut-il rétabli la paix et le bon ordre dans Rome, que les nobles, impatiens de se ressaisir d'une autorité usurpée, excitèrent contre Rienzy des mouvemens séditieux, et ce malheureux fut assassiné au milieu du tumulte en 1354.

Tel fut Rienzy. Mais l'auteur de la nouvelle tragédie, M. Drouineau, en conservant à son héros son caractère historique, a créé tous les incidens de son drame, et son plan, assez bien conçu et soutenu par une poésie riche d'harmonie et de pensée, a obtenu un succès flatteur. C'est son début dans la carrière dramatique, et ce début donne plus que des espérances. Appelé après la représentation, il a été, bien malgré lui sans doute, amené sur la scène pour y recevoir une couronne. Ces ovations théâtrales ne sont pas rares aujourd'hui, et le jeune poète s'est empressé de désavouer dans les journaux le zèle trop indiscret de quelques amis, dont l'imprudent engouement blessait toutes les convenances.

2. — LONDRES. — Le Parlement a été ouvert par commission : le lord chancelier n'ayant pu assister à cette séance, le discours du trône a été lu par lord Gifford.

Milords et Messieurs,

S. M. nous ordonne de vous annoncer qu'elle a vu avec regret les embarras qui se sont manifestés dans les transactions pécuniaires du pays depuis la clôture de la dernière session du Parlement.

Ces embarras ne résultent d'aucun événement politique intérieur ou extérieur. Ils ne sont produits par aucune demande inattendue sur les ressources publiques, ni par la crainte d'une interruption dans la tranquillité générale.

Quelques-unes des causes auxquelles il faut les attribuer, ne sont pas dans la sphère d'une intervention parlementaire directe; on ne peut avoir de garantie contre leur renouvellement que dans l'expérience des maux qu'ils ont occasionnés.

Mais on peut au moins à une certaine partie appliquer des correctifs, sinon des remèdes efficaces, et S. M. compte sur votre sagesse pour prendre des mesures qui puissent tendre à protéger les intérêts publics et particuliers contre des fluctuations aussi violentes et subites, en mettant sur une base plus stable les valeurs en circulation que représente le crédit national.

S. M. continue à recevoir de tous les princes et états étrangers les plus fortes assurances de leurs dispositions amicales envers elle. De son côté, S. M. est constante et infatigable dans ses efforts pour concilier des intérêts opposés et recommander de cultiver la paix dans l'ancien et dans le nouveau monde. S. M. nous ordonne de vous annoncer que, conformément à ce système, sa médiation a été heureusement employée dans la conclusion d'un traité de paix entre les couronnes du Portugal et du Brésil, en vertu duquel les relations amicales, long-temps interrompues entre deux nations unies par les liens du sang ont été rétablies, et l'indépendance de l'empire brésilien formellement reconnue.

S. M. ne laisse échapper aucune occasion de mettre à exécution les principes de commerce et de navigation qui ont reçu la sanction du Parlement, et de les répandre autant qu'il est possible au moyen d'engagemens avec les puissances étrangères.

S. M. a ordonné de vous soumettre une copie d'une convention qui a ces principes pour base, et qui a été conclue dernièrement entre S. M. et le roi de France, ainsi qu'une copie d'une semblable convention conclue avec les villes libres anséatiques de Lubeck, Brême et Hambourg.

S. M. a aussi ordonné de vous soumettre une copie d'un traité d'amitié, de commerce et de navigation, conclu entre S. M. et la république de Colombie, et dont les ratifications ont été échangées depuis la clôture de la dernière session. S. M. aura besoin de vos lumières pour l'exécution de quelques-unes des stipulations de ce traité.

S. M. regrette de ne pouvoir vous annoncer la fin des hostilités dans l'Inde; mais par la bravoure des troupes de S. M. et de la compagnie des Indes-Orientales, par l'habileté et la persévérance des commandans, un succès uniforme a couronné les opérations de la dernière campagne. S. M. espère que la continuation des mêmes efforts amènera une pacification honorable et satisfaisante.

Les différentes mesures recommandées dans la dernière session du Parlement pour l'amélioration de l'état de l'Irlande ont appelé l'attention de S. M., qui a la satisfaction de vous annoncer que l'industrie de cette partie du royaume-uni fait des progrès successifs et généraux. Il faut surtout les attribuer à cet état de tranquillité, qui maintenant règne heureusement dans toutes les provinces de l'Irlande.

Messieurs de la Chambre des communes, S. M. a ordonné de préparer et de vous soumettre les évaluations des dépenses de l'année; elles ont été faites avec le désir le plus sincère d'éviter toute dépense que ne réclameraient pas les besoins nécessaires au service public.

S. M. a la satisfaction de vous annoncer que le produit du revenu de l'année dernière a complètement justifié les espérances qu'on avait conçues au commencement de la même année.

Milords et Messieurs,

S. M. est profondément affligée des fâcheux effets que doit avoir eus sur plusieurs branches du commerce et des manufactures du Royaume-Uni la dernière crise pécuniaire.

Mais S. M. croit avec confiance que la secousse temporaire que le commerce et les manufactures peuvent éprouver dans ce moment, ne diminuera pas, avec l'aide de la Providence, les grandes sources de notre richesse, et qu'elle n'arrêtera pas l'accroissement de la prospérité nationale.

On a remarqué que dans ce discours de la couronne il n'est pas dit un seul mot de la mort de l'empereur Alexandre.

2 *Février*. — Plusieurs journaux publient l'article suivant, extrait de la *gazette de Pétersbourg*, du 17 janvier :

« Les événemens du 14 décembre ont révélé un horrible complot. Des hommes indignes du nom de Russes le tramaient dans les ténèbres; ils méditaient l'assassinat de la famille impériale, l'anarchie, le pillage de toutes les propriétés, le massacre de tous les citoyens paisibles. Certes, de pareils projets ne pouvaient en aucun cas s'accomplir dans toute leur étendue; mais la tentative seule de les mettre à exécution eût amené de grands malheurs; et si jamais la rigueur fut indispensable, si jamais des mesures sévères et promptes furent hautement commandées par l'intérêt public, c'est dans cette affligeante et grave circonstance.

» Aussi dès les premiers jours l'Empereur a-t-il institué une commission spéciale d'enquête, composée de S. A. I. le grand duc Michel, du ministre de la guerre, général Tatistchoff, président; du conseiller privé actuel prince Galitzine; de l'aide-de camp général Golenistcheff-Koutousoff, gouverneur militaire de Saint-Pétersbourg; des aides-de-camp généraux Benckendorff, Lewascheff et Patapoff. Cette commission poursuit ses travaux avec la plus grande activité. Le gouvernement s'est hâté en outre de remplir ses devoirs dans toute leur étendue.

» Les aveux des conjurés pris en flagrant délit, et la découverte d'une association qui préparait depuis long-temps une explosion révolutionnaire, ont nécessité des arrestations nombreuses. Dans de telles conjectures, la raison d'Etat ne permet point de balancer, et il a fallu multiplier les recherches pour pénétrer jusques au fond même de la conspiration et pour en saisir tous les fils : le gouvernement possède le consolant espoir de toucher au terme des mesures qu'il s'est vu obligé de prendre à cet effet. Il connaît tous les mystères d'une secte à jamais odieuse, tous les desseins des conspirateurs, et il les publiera dès que le procès qui s'instruit sera terminé.

« Dans le nombre des individus interrogés, quelques-uns ont été trouvés heureusement innocens, et remis en liberté sur l'heure; d'autres, d'une extrême jeunesse, se sont laissés affilier à la secte, sans en connaître le but, et sans concevoir les suites de leur funeste imprudence : ils sentent maintenant avec les plus cruels remords dans quel abîme ils allaient être précipités; d'autres encore n'appartiennent plus à cette même secte; mais par un silence inexcusable, ils n'ont point révélé de funestes intentions. Quant aux grands et principaux criminels, leur châtiment exemplaire ne tardera point à venger la nation et l'empire. »

L'empereur Nicolas a provisoirement confirmé dans leurs

fonctions tous les ambassadeurs, ministres et chargés d'affaires accrédités près des puissances étrangères.

Le cortége qui apporte à Saint-Pétersbourg les dépouilles mortelles de l'empereur Alexandre, s'est mis en marche le 7 janvier.

..... La conjuration de décembre est très-étendue, et ses ramifications vont aboutir dans l'intérieur de l'empire : on en a découvert des indices à Kiew. Il a paru le 3 janvier une brochure officielle des principaux agents.

2. — Le tribunal de première instance de Paris a jugé, le 2 février, le singulier procès de M. Dubos de Chemans, dentiste breveté, et du noble lord Egerton, duc de Bridge-water, pair du royaume d'Angleterre.

Le dentiste demandait la modique somme de vingt mille francs pour sept rateliers et les soins donnés par lui à la mâchoire de milord; il avouait avoir reçu à compte cinq mille francs.

Le noble duc réduisit de sept à huit les rateliers fournis, et se plaignait de leur mauvaise qualité : il avoit offert pour solde deux mille cinq cent sept francs cinquante centimes. Nulle convention n'avait été faite entre les parties quant au prix, au nombre des rateliers, et des visites.

Le tribunal, considérant que le nombre des visites n'avait pas excédé celles nécessaires pour l'essai des rateliers, dont la quantité n'était point prouvée, a déclaré les offres bonnes et valables, et condamné le dentiste à donner quittance définitive au moyen de la somme offerte et consignée par lord Egerton.

M. le dentiste breveté aurait bien dû, dans l'intérêt général des mâchoires infirmes, nous faire connaître le quantum de ses honoraires pour les mâchoires de la petite propriété.

2. — Deux individus que depuis quelques jours on voyait fréquemment entrer et sortir par la barrière de Charonne, s'y sont présentés hier, le chapeau sous le bras, comme des *flaneurs* qui se promènent.

L'un des préposés de l'octroi remarqua dans la forme du chapeau de chacun de ces messieurs un mouchoir, qui semblait cacher quelque chose, il les aborde et les engage poliment à passer au bureau. N'avez-vous rien à déclarer? — Non. — Mais que portez-vous là? — Rien. — Mais enfin.... — Peu de chose. — Voyons..... On fouille et l'on trouve ici un paquet contenant huit mille francs en or, là un second paquet de dix mille francs de même monnaie.

Les deux étrangers, interrogés sur leurs noms, déclarent s'appeler l'un Malagutti (Virgile), serrurier-mécanicien, l'autre Gaetano-Ratta, imprimeur.

L'or que vous voyez, disent-ils, est une trouvaille que nous venons de faire dans le petit chemin de traverse qui part de la barrière Les mouchoirs portaient en effet quelques vestiges de terre, mais ils portaient aussi la marque des inventeurs. Le trésor était divisé en petits rouleaux d'égale somme, formés avec des bulletins de bourse dont la date était de peu de jours antérieure à l'assassinat du changeur Joseph.

Ces deux étrangers ont été mis à la disposition de M. le procureur du roi.

2. — Les deux Italiens, Malagutti et Ratta, ont été conduits ce matin à Charonne, où il a été procédé, en présence de M. Frayssinous, juge d'instruction, à la reconnaissance du lieu où les dix-huit mille francs avaient été enfouis. Les deux prévenus ont indiqué eux-mêmes l'endroit où ils prétendent avoir trouvé cette somme. On a reconnu que plusieurs marques avaient été faites à la borne contre laquelle l'enfouissement avait eu lieu.

On assure que des agens de police, qui pendant long-temps ont suivi les pas des deux Italiens, les avaient vus plusieurs fois s'arrêter dans cet endroit.

C'était même aux environs du même lieu, que l'un d'eux avait été arrêté une première fois. On assure aussi que Malagutti et Ratta étaient sans travail, et que néanmoins ils faisaient de la dépense, que leur conduite n'était pas régulière et qu'ils demeuraient ensemble dans un lieu très-retiré du faubourg Saint-Antoine.

Ce soir, à six heures, ils ont été confrontés au Palais de Justice avec Joseph : on avait eu la précaution de les faire placer au milieu de quelques agens de police ; mais Joseph les a bientôt reconnus ; il a désigné Ratta comme étant celui qui lui a porté les coups de poinçon, et Malagutti comme ayant enlevé l'argent.

2. — Théâtre du Vaudeville. Première représentation de *Midi, ou l'Abdication d'une Femme.*

Le Français né malin créa le Vaudeville.

MM. les censeurs dramatiques, qui ne sont pas malins, et qu'on pourrait croire n'être point Français, s'obstinent sans relâche, sans raison et sans pitié, contre ce malencontreux théâtre. C'est peu d'être injustes ou ineptes, ils sont ingrats : ils oublient que plusieurs d'entre eux l'ont eu pour tributaire au moyen de quelques couplets de leur cru, ou même d'emprunt, qu'ils glissaient dans les légères pacotilles de quelques maîtres d'équipage de la rue de Chartres.

Enlever aux pièces de ce genre le vaudeville final, c'est leur faire subir une funeste et irréparable mutilation. Les auteurs de la pièce nouvelle se sont empressés de prévenir la sévérité du public, si toutefois on peut donner ce nom aux rares habitués du parterre de ce théâtre.

Ils ont publié dans plusieurs journaux la lettre suivante, sans nul espoir, sans doute, de provoquer la réparation d'un tort dont l'évidence frappe depuis long-temps tout le monde. Les juges s'amendent quelquefois, la junte de censure dramatique jamais.

Paris, 2 février 1826.

« Les censeurs ont biffé d'un trait de plume tous les couplets du vaudeville final de *Midi, ou l'Abdication d'une Femme*, qu'on joue ce soir au Vaudeville : l'un de ces couplets faisait l'éloge du Roi et des tribunaux; dans un autre, on disait que le règne des Tartufes n'était pas encore fini; dans le dernier, on rendait hommage aux courageux efforts des Hellènes. Tout cela a paru très-suspect dans la rue de Grenelle, et ne pourra, en conséquence, être chanté dans la rue de Chartres.

» Nous croyons utile d'informer le public de ce fait pour lui donner une idée de la jurisprudence de la censure. Il est donc bien convenu, d'après la décision des délégués de M. Corbière, qu'il est dangereux de louer le prince et la justice; qu'il n'y a plus de Tartufes en France, et qu'enfin nos amis sont les Turcs. Qui s'en serait douté?

» Agréez, etc. » Les auteurs de Midi.

Bonnes gens! ils se plaignent, c'est comme s'ils chantaient.

3. — Le *Constitutionnel* publie aujourd'hui la lettre que vient de lui adresser M. le procureur-général près la cour de Lyon :

Lyon, 29 janvier 1826.

Je vous prie d'insérer dans votre journal ma réponse à un article que je lis dans votre feuille des 22 et 23 de ce mois : la loi du 25 mars 1822 me donne droit de l'exiger de vous.

« On vous mande, dites-vous, de Genève, en date du 16 du
» courant, qu'il existe un collége de jésuites à Brigg, dans le
» Valais; qu'il s'y trouve de cent à cent dix Français; que j'y
» avais envoyé mon fils; qu'il en a disparu depuis cinq semaines,
» et que, pendant un mois, ni les jésuites, ni le père n'ont su
» ce qu'il était devenu; qu'alarmé de cette disparition, j'ai écrit
» à toutes les personnes que je connais à Genève, et entre autres
» à l'une des premières maisons de banque, pour prendre des
» informations sur le sort de mon fils.

» Le lieutenant de police, dites-vous ensuite, a fait tant de
» démarches qu'il a enfin trouvé le jeune Courvoisier dans un
» état affreux de dénuement. Ce jeune homme raconte qu'il s'est
» échappé d'un cachot où il avait été jeté, et qu'il a mis un
» mois à venir de Brigg à Genève, en vivant comme il pouvait ;
» il préféra pourtant cette souffrance à celle de vivre dans un
» collége de jésuites; et ce n'a été que sur la promesse solen-

» nelle faite par son père de ne pas y être renvoyé, qu'il a con-
» senti à revenir à Lyon. »

» Des réflexions offensantes pour les jésuites terminent votre lettre.

Votre correspondant s'est joué de votre crédulité, car je ne puis croire que vous vous jouiez vous-même de celle du public.

» Il est à Brigg un collége de jésuites, et j'y avais placé mon fils : il s'y trouve, non de cent à cent dix Français, mais trente-cinq Français; les autres étaient Allemands ou Italiens. Votre récit, du reste, n'a rien que de faux.

» Mon fils a dix-sept ans; je me proposais de le retirer de Brigg lorsque les routes seraient plus praticables, et de le confier, pour ses études de rhétorique, à un homme de mérite qui consent à se charger ici de quelques élèves, et dont il reçoit en ce moment les leçons. Il le savait; il a désiré hâter son retour; le supérieur y consentit : il lui a remis 200 fr., environ le double de ce que pouvait coûter le voyage, et m'a donné avis de la mesure à laquelle il n'a pas cru devoir se refuser.

» Mon fils a quitté le pensionnat le 25 décembre; il ne put partir le lendemain : les neiges obstruaient la route; il avait du rhume; il eut un peu de fièvre. Le supérieur le pressa de rentrer au pensionnat pour y être traité : il préféra rester à l'auberge, où M. Bazainé, médecin français, M. le baron de Pugey, et M. Fraissé, architecte, l'un et l'autre de Lauzanne, se trouvaient aussi retenus. M. Bazainé lui montrait de l'amitié et lui donnait des soins empressés. Il est parti de Brigg, le 4 janvier, par la diligence de Milan; il est arrivé à Genève le 6; il a logé à l'Ecu de France; il en est parti le 8, et il est arrivé le 9 à Lyon.

» Espérant partir de jour à autre, mon fils ne m'a écrit de Brigg que le 3 janvier; je fus effectivement allarmé. Les journaux annonçaient que les voitures publiques avaient été renversées sous des avalanches. Un négociant de Lyon voulut bien, sur ma demande, écrire à un banquier de Genève, le priant de vérifier, au bureau des diligences de Milan, si mon fils était parti de Brigg; s'il était arrivé à Genève, ou si quelque fâcheux événement était survenu sur la route de Genève à Brigg.

» La lettre partit de Lyon le 8 de ce mois, la réponse ne se fit point attendre; elle m'apprit ce que mon fils m'avait appris lui-même, elle portait que ce jeune homme était arrivé à Genève le 6, et que le 8 il en était reparti pour Lyon.

» Voilà les faits. Vous avez à Genève un correspondant bien peu digne de votre confiance : je dois ajouter qu'il n'y a point de cachot à Brigg; que mon fils n'a subi qu'une seule punition : il a été privé de récréation pendant une demi-heure, et que les Jésuites y donnent, avec beaucoup de bonté, beaucoup de soins à l'éducation des élèves qu'on leur confie.

» Recevez l'assurance de ma parfaite considération.

» *Signé* COURVOISIER, procureur général près la Cour royale de Lyon. »

Le *Constitutionnel* ajoute : « Le correspondant qui nous avait donné les détails dont se plaint M. Courvoisier ne nous avait jamais induits en erreur ; la lettre de M. Courvoisier, lue attentivement, dispense de toute réflexion. »

Tandis que les étrangers jaloux d'assurer à leurs enfans l'inappréciable bienfait d'une éducation soignée, les envoyent en France, on ne peut sans surprise apprendre qu'un magistrat français confie à une école étrangère son fils. La lettre de M. Courvoisier se tait sur le système d'éducation des Jésuites ; mais ce n'est sans doute que pour de puissants motifs que le jeune Courvoisier a été retiré de ce pensionnat au commencement de l'année scolaire, et à l'époque d'une saison rigoureuse.

M. Courvoisier a rappelé son fils auprès de lui, et il a bien fait : son cœur paternel a sans doute éprouvé d'étranges et subites alarmes, dont il n'a pas cru devoir révéler la cause. Il connaissait sans doute, mais il a depuis mieux apprécié les savants et judicieux mémoires présentés par M. de La Chalotais au parlement de Rennes, et par l'avocat général Guiton de Morveau à celui de Dijon à une époque postérieure (18 mars 1764) ; il sait quel honorable accueil ces deux cours souveraines ont fait aux travaux de ces deux magistrats.

Les établissemens d'éducation, les collèges surtout, étaient alors placés sous l'autorité exclusive des corps judiciaires (édit de février 1763).

« Une compagnie qui est soumise par un vœu d'obéissance aveugle à un chef perpétuel, ne peut, suivant les lois d'une bonne politique, être beaucoup autorisée dans un État auquel une communauté puissante doit être redoutable ». Cette opinion est celle du cardinal de Richelieu. (Test., part. 1, chap. 2.)

« On ne pensera pas, dit l'annotateur des mémoires de Sully. (art. 9), que ce soit un bon moyen de mettre de l'émulation dans les universités, au sujet de l'instruction publique, que de leur associer des gens de communauté, qui destinent toujours leurs sujets à toute autre chose qu'à l'éducation de la jeunesse, qui leur font faire le tour des classes d'un collège parce qu'ils ne sont encore formés pour rien, et qui font de leurs collèges des pépinières pour leurs maisons. »

Que d'inconvéniens, s'écrie l'avocat-général au parlement de Dijon (sect. 4, p. 88), annonce ce court exposé ! Il en est un surtout bien digne de l'animadversion du législateur. C'est le danger des vocations inspirées, si l'on peut donner ce nom, qui rappelle quelque chose de divin, à la captation d'un religieux, qui toujours occupé de la splendeur de son ordre et du désir de lui procurer des sujets capables d'en rehausser l'éclat, abuse de la faiblesse, de l'âge de ses disciples, pour les enrôler ; de l'autorité que les pères lui donnent sur leurs enfans pour les leur arracher, et de la confiance de la société, pour lui enlever tous ceux qui annoncent quelques talens.

Il serait facile de rassembler en peu de temps une infinité d'exemples de jeunes gens ainsi séduits par les sollicitations d'un régent.

Le savant magistrat cite 1°. Jean Lurechon, médecin du duc de Lorraine, qui, le 29 juillet 1611, obtint un arrêt pour se faire rendre un fils que les jésuites lui avaient enlevé; 2°. Guillaume Barclay, qui, informé que les jésuites, *charmés de la beauté* de l'esprit de Jean Barclay son fils, voulaient lui donner l'habit de leur ordre, s'y opposa de toutes ses forces, et réussit à l'empêcher; ce dont les jésuites lui voulurent tant de mal, qu'ils le forcèrent à quitter la cour de Lorraine, où il était très-bien venu du duc, qui l'avait fait conseiller en son conseil et maître des requêtes ordinaire de son hôtel; 3°. Pierre Ayraut n'obtint pas le même succès. Plusieurs sommations, une information par cours de monitoires; arrêt du parlement, arrêt du conseil, et qui plus est, un ordre du pape, qui se fit représenter les listes de tous les jésuites du monde, ne purent lui faire rendre Réné Ayraut, l'aîné de ses fils, qu'il avait mis au collège de Clermont, avec instance au recteur de ne le point attirer à la société.

Réné Ayraut régentait les classes de Dijon, sous un faux nom, pendant tous ces mouvemens de son père, qui, n'ayant plus d'autres ressources, lui adressa, mais toujours en vain, un Traité latin de la puissance paternelle. (*Vita Pet. OEradii ad Æged. Menag.* Paris, 1675.)

« A ces exemples, on pourrait, dit encore l'avocat-général, en ajouter cent autres, dont la revendication a été authentique..... Mais qu'est-il besoin d'exemples pour prouver des événemens nécessaires et essentiellement liés aux circonstances qui les produisent? (1) Il est dans la nature des enfans de se livrer aux premiers attraits qui se présentent, d'adopter les premières opinions qu'on leur enseigne, et d'imiter ce qui est sous leurs yeux, parce qu'ils ne connaissent rien au-delà. Aussi voit-on chaque ordre religieux se repeupler, pour la plus grande partie, dans les collèges qui lui appartiennent, et l'esprit de parti qui les domine se perpétuer dans les classes.

» Demandez à ce profès ardent, demandez à ce sectaire opiniâtre où il a fait des études? leurs réponses vous apprendront infailliblement ce qui a décidé leur goût et leur doctrine.

» Ainsi, quand on n'aurait à imputer aux maîtres aucune séduction; quand on supposerait qu'il leur fût possible de ne point convoiter pour leurs noviciats l'élite de la jeunesse qui fréquente leurs écoles; quand l'expérience n'aurait pas appris combien les distinctions injustes, la faveur, les caresses, qui accompagnent ces sollicitations, inspirent de dégoût aux autres disciples, ex-

___
(1) Ces enlèvemens sont d'autant plus à craindre aujourd'hui que la secte des jésuites a plus de besoins à satisfaire, et que le prosélytisme est une condition de sa nouvelle existence.

citent leur jalousie et altèrent leur confiance, il serait toujours dangereux de confier les colléges à des réguliers.

» ..... Loin que l'autorité des moines soit un motif de préférence, la stabilité des mœurs exige, au contraire, qu'on la regarde comme un motif d'exclusion, parce qu'elle introduit nécessairement un contraste entre les mœurs des écoles et les mœurs du monde, et que cette contradiction est destructive de tous les avantages de l'éducation (1), au moins pour ceux qui ne sont pas appelés à la vie domestique, et c'est toujours le plus grand nombre. . . . .

» .... On peut assurer, sans rien exagérer, que des gens...., plus accoutumés à fuir la tentation que le vice, à distraire leurs passions qu'à les régler; qui ont plus de scrupules que de sentimens; qui ne connaissent le monde ni par ses engagemens, ni par ses dangers, sont peu propres à donner à des jeunes gens des principes de vertu supérieurs aux tentations, et leur apprendre à concilier les devoirs du chrétien et de l'honnête homme avec les qualités de l'homme aimable.

» .... L'intérêt des sciences et de l'enseignement n'offre pas, en faveur des laïques, des motifs moins puissans que l'intérêt des mœurs. S'il faut un dépôt pour les sciences, ce n'est pas une multitude éparse d'émérites, qui les auront toutes superficiellement parcourues, qui rendra ce dépôt ni plus précieux, ni plus sûr; il sera, au contraire, plus à la nation, plus riche, mais moins durable (2), et plus utile, quand il aura pour gardiens, en chaque capitale, un certain nombre de professeurs qui partageront entre eux l'encyclopédie des connaissances humaines, se concentreront respectivement dans la branche qu'ils auront embrassée, s'efforceront de ne rien ignorer de ce qui en dépend, et de temps en temps essayeront d'en reculer les bornes. Chaque province pourra se vanter alors de renfermer dans son sein, sinon des hommes de génie, parce que la nature n'en produit que de loin en loin, du moins des hommes pourvus de tout ce que l'application et la constance peuvent ajouter aux talens; je veux dire, un rhéteur habile, un historien profond, un savant physicien, un mathématicien consommé : ils seront, dans leur patrie, comme un phare toujours prêt à éclairer ceux qui tourneront sur lui leurs regards. S'ils écrivent, ce ne sera point comme ces auteurs qui courent prématurément après une réputation éphé-

(1) Montesq. *Esprit des Lois*. L. 4, ch. 4.

(2) C'est aujourd'hui une vérité démontrée. Si les sciences, les arts ont fait de si étonnans progrès, c'est que les documens enfouis dans les bibliothèques des Cloîtres sont entrés dans le domaine public, et ont été explorés par des laïques. Remettre, avec ces dépôts précieux, les établissemens d'éducation entre les mains des corporations religieuses, ce serait paralyser tous les élémens de la civilisation et de la gloire nationale.

mère ; ce sera sur des matières qu'ils auront maniées toute leur vie. Leur célébrité aura devancé leurs ouvrages; et après avoir été long-temps les guides et les oracles de leurs concitoyens, ils seront encore, par leurs livres, les oracles de la postérité.

» ... Quant à l'enseignement, il n'est pas douteux que le choix des séculiers n'ait des avantages réels, en ce qu'il sera entre leurs mains sous une dépendance plus immédiate du gouvernement, en ce qu'ils auront plus d'intérêt et de temps pour s'instruire de ce qu'ils devront enseigner, en ce que l'exercice et l'habitude perfectionneront leur méthode, etc. »

Ainsi s'exprimait en 1764, dans la patrie de Bossuet, et en présence d'une des premiers cours souveraines de France, l'organe du gouvernement. Ce magistrat éclairé n'avait point méconnu l'importance de la partie religieuse de l'éducation. C'est dans son mémoire même qu'il faut en suivre les sages développemens. Cette citation excéderait les bornes de ce premier volume. Nous y reviendrons sans doute.

La lettre de M. procureur-général de la cour de Lyon n'a été pour nous que l'occasion de cet extrait. L'ouvrage dont nous parlons n'a point échappé à ses méditations, mais nous avons dû l'indiquer en faveur des pères de famille dont l'inexpérience avait besoin d'être éclairée.

Les auteurs du Mémorial prennent l'engagement de n'opposer aux partisans des funestes doctrines qui ont fait la honte et le malheur de nos pères, que des autorités puisées dans les ouvrages des mêmes époques. Si, dans tous les temps, tous les genres d'erreurs et d'abus ont trouvé des prôneurs toujours opiniâtres et souvent cruels, les principes divins du christianisme, les mœurs, les vertus publiques et privées ont eu aussi d'éloquens et irréprochables défenseurs : leurs actions ne démentaient jamais leurs écrits.

Nous suivrons nos adversaires sur le terrain qu'ils ont choisi. Ils repoussent les grands écrivains qui ont honoré ces dernières époques, nous n'invoquerons que des autorités contemporaines des erreurs qu'ils veulent faire revivre. Cette lutte ne date point de notre âge, elle remonte à l'invention de l'imprimerie, qui ne fit même qu'aggrandir les moyens d'attaque et de résistance. Elle touche à son terme. Que peuvent les efforts désespérés de quelques coteries contre la puissance des nations trop éclairées pour se perdre par de déplorables excès ?

— M. Servière, auteur de plusieurs pièces de théâtre très-spirituelles, et conseiller référendaire à la Cour des Comptes, est mort aujourd'hui à Paris.

3 *Février.* — Tribunal de police correctionnelle de la Seine, audience du 3 février.

Mᵉ Lombard de Quincieux, avocat au barreau de Lyon, a

fait un mémoire pour le jeune Cincinnatus Mouton-Duvernet, fils du malheureux général de ce nom, contre les exécuteurs testamentaires de Napoléon.

Une dernière démarche avait été tentée auprès du général Bertrand avant la publication du mémoire. Le général avait distribué une lettre imprimée, dont l'auteur du mémoire avait dû se croire offensé, et il en porta plainte en diffamation.

Les débats ont amené une explication dont les parties ont paru également satisfaites.

Le texte seul du jugement indique assez clairement les faits : il nous suffira de le citer.

« Le tribunal, attendu qu'il est constant par les débats qui ont eu lieu à l'audience, et dont le tribunal doit fixer et apprécier les résultats, que Lombard de Quincieux n'a jamais manifesté en aucune façon l'intention de recevoir une somme d'argent pour supprimer, avant que la publication en fût faite, un mémoire en faveur de Cincinnatus Mouton-Duvernet, dont il se reconnaît l'auteur.

» Que suivant la note écrite, page 3 de la brochure, la communication faite au général Bertrand et à M. de Montholon ne tendait qu'à déclarer que l'écrit ne serait imprimé que lorsqu'on aurait perdu tout espoir d'obtenir justice ;

» Que suivant la déclaration du général Bertrand à l'audience, il a pensé qu'obtenir justice était la reconnaissance des droits de Cincinnatus Mouton-Duvernet, et jamais la remise d'une somme d'argent ;

» Qu'il ne s'est refusé à la demande de Lombard de Quincieux, que parce qu'il n'avait aucune qualité pour le faire, et que les circonstances ne permettaient pas de l'accueillir.

» En ce qui touche les faits diffamatoires :

» Attendu que Lombard de Quincieux, en sa qualité d'avocat, a eu tort de faire un appel à l'opinion publique, et d'employer dans le mémoire dont il s'est reconnu l'auteur, des expressions fâcheuses pour le général Bertrand.

» Attendu, d'autre part, que Bertrand a eu tort d'employer dans la lettre incriminée des expressions fâcheuses pour Lombard de Quincieux.

Renvoie le prévenu de la plainte, et compense les dépens.

Ainsi, ce procès qui semblait promettre aux amateurs de scandale une piquante distraction, a déçu leurs tristes espérances.

— On écrit de Clermont (Puy-de-Dôme), qu'après une représentation du Tartuffe, le public avait demandé qu'on apportât le buste de Molière sur le théâtre pour être couronné ; le commissaire de police s'y est formellement opposé, attendu, a-t-il dit, que les réglemens défendaient *d'ajouter aux pièces*. La susceptibilité de M. le commissaire lui permettait-elle d'ajouter aux réglemens? S'il en existe à ce sujet ; loin d'interdire cet hommage national et si bien mérité, ils l'ordonneraient. L'à-propos des applications a pu faire penser à M. le commissaire que *Tartuffe* était une pièce nouvelle, que la malveillance avait soustraite à sa censure préalable.

4 *février*. — Les journaux de l'opposition constitutionnelle et royaliste ont vengé la mémoire d'un des plus illustres magistrats du dernier siècle, des outrages de l'Etoile. M. Gilbert Des Voisins a réfuté avec autant de talent que de succès cette dégoûtante diatribe.

La lettre publiée aujourd'hui dans le Constitutionnel est vraiment historique.

Paris, 4 février 1826.

« Vous avez relevé avec une juste indignation les odieuses calomnies de *l'Étoile* contre M. de la Chalotais, et les outrages qu'elle prodigue à la magistrature. C'est avec raison que vous qualifiez de mensonge l'assertion de *l'Étoile*, laquelle a osé dire que cet illustre magistrat *avait été dégradé, et qu'il avait traîné son repentir dans l'exil et l'ignominie.* C'est avec autant de raison que vous avez avancé, qu'il avait joui jusqu'à sa mort d'une pension qui lui avait été accordée par la munificence royale. En effet, M. de la Chalotais a conservé sa place de procureur-général et a continué d'en exercer les fonctions conjointement avec M. de Caradeuc son fils, jusqu'en 1785, époque de sa mort : depuis lors son fils les a exercées seul jusqu'à la suppression du parlement. Ce dernier a péri le 17 janvier 1794, à l'âge de soixante-cinq ans. La mémoire de son père et les persécutions qu'il avait partagées avec lui ne purent le garantir des excès de cette époque.

« La munificence royale ne se borna pas à accorder à M. de la Chalotais une pension de huit mille francs, le Roi lui fit donner en outre une somme de cent mille francs, comme indemnité des pertes que sa captivité lui avait fait éprouver, tant il est vrai, comme vous l'avez fait remarquer, que quand la vérité peut parvenir jusqu'au trône, la sagesse royale est toujours prête à réparer les fautes des indignes dépositaires du pouvoir et des ministres prévaricateurs.

« Enfin, pour effacer jusqu'aux dernières traces des injustices et des persécutions dont MM. de la Chalotais avaient été les victimes, le roi Louis XVI, par des lettres-patentes du mois de décembre 1776, érigea en marquisat pour MM. de la Chalotais la terre de Caradeuc et dépendances ; voici les motifs exprimés dans ces lettres :

« Le Roi prenant en considération les services qui lui ont été rendus et au feu Roi, par ses très chers amés et féaux les sieurs Louis René et Anne Raoul de Caradeuc son fils, ses procureurs généraux en son parlement de Bretagne.... aurait désiré reconnaître et récompenser tous les services rendus par les dits sieurs de Caradeuc; il aurait estimé ne pouvoir le faire plus dignement, qu'en donnant de son propre mouvement à Louis René et Anne Raoul de Caradeuc, ses procureurs généraux, le titre et la dignité de Marquis, par l'érection en marquisat des terres.... etc.

Ces lettres furent présentées à l'enregistrement du Parlement de Bretagne le 23 décembre 1776. Je crois utile de vous faire connaître quelques passages du discours prononcé par l'avocat-général chargé de leur présentation.

« Que pourrions-nous ajouter, dit ce magistrat, aux détails honorables dans lesquels ces lettres-patentes sont entrées? Et que pourrait-il rester à désirer à ces illustres magistrats, au-dessus de telles louanges? ajouter aux éloges du souverain, ce serait en diminuer la splendeur et le prix. Mais pourrions-nous passer sous silence la destruction éclatante de cette hydre redoutable et toujours renaissante, (les jésuites), auxquels ils ont osé porter les premiers coups les plus sensibles (source, hélas! trop féconde, et moteur de leur infortune). Vos sentimens, messieurs, ceux d'une province assemblée, sont devenus les sentimens unanimes de l'Europe entière, elle les a placés au rang des premiers héros de la magistrature, et des défenseurs intrépides des lois et de leur patrie.....

» Oublions s'il est possible, les disgrâces de ces illustres magistrats, l'amour de la province, l'estime de la nation et l'admiration de l'Europe, pour nous occuper uniquement de leur gloire et de leur triomphe, dont le roi veut consacrer la mémoire, et la transmettre aux siècles à venir et à la postérité la plus reculée....... »

» Ce sont ces hommes, objets de l'estime et de l'admiration de la France et de l'Europe, des hommes que le monarque combla d'éloges et de faveur, que l'*Etoile* désigne comme des magistrats *félons, traînant leur repentir dans l'exil et l'ignominie*. Que dire de tant de mauvaise foi, d'une si audacieuse calomnie! comment n'y pas reconnaître cet esprit jésuitique, ce génie du mal qui inspire cette Feuille?

» C'est sur l'arrêt même d'enregistrement et sur les lettres-patentes que j'ai relevé tous les détails que j'ai l'honneur de vous transmettre.

» En vous priant de leur donner de la publicité, je crois remplir un double devoir comme français et comme ancien magistrat.

» Il faut pour l'honneur de la France, que l'on sache que dans notre patrie d'illustres citoyens, tels que MM. de la Chalotais, ne sont point exposés à traîner leur vie dans l'exil et l'ignominie; l'ignominie, la honte, est pour leurs persécuteurs et leurs calomniateurs, pour ceux-là qui osent insulter des cendres révérées, et qui ne respectent pas même la paix des tombeaux.

Agréez, etc.   GILBERT-DES-VOISINS.

L'estimable M. Kératry, que des intrigues bien honteuses et bien connues ont écarté de la Chambre des Députés, où le rappelaient les suffrages de ses concitoyens, a fait insérer dans le *Courrier français* une réfutation, non moins frappante de vérité, de la calomnie de *l'Etoile*. M. Kératry remplissait le devoir d'un franc Breton, d'un Français, et d'un digne parent des la Chalotais, à la famille desquels il a l'honneur d'appartenir.

Le compte rendu de la conduite des jésuites en Bretagne, par M. de la Chalotais, est de 1762. Les jésuites ne cessèrent de le poursuivre; leur principal agent était le duc d'Aiguillon, commandant de la Bretagne, que protégeait la favorite Dubarry. Le duc d'Aiguillon n'est plus, mais les jésuites nous ont envahis; leurs journaux ont rappelé par leurs outrages l'attention publique sur M. de la Chalotais, et un heureux spéculateur a fait réimprimer l'excellent essai de ce savant et pieux magistrat sur l'éducation. Qu'ils se hâtent d'outrager la mémoire de l'avocat-général Guyton de Morveau, du parlement de Dijon, et du procureur-général du parlement d'Aix, Ripert de Monclar, et nous devrons à leurs efforts un autre traité d'éducation, par M. Guyton de Morveau, et le rapport de M. Ripert de Monclar, sur la constitution des jésuites.

Les jésuites de nos jours sont bien mal servis par leurs nouveaux amis, dont l'imprévoyance rappelle la fable de l'ours et du jardinier, de notre bon La Fontaine.

— Des lettres de Madrid, du 26 janvier, annoncent que d'après de nouveaux accords entre les cours d'Espagne et de France, l'armée française continuera encore pendant trois ans d'occuper en Espagne les places qu'elle tient, aux mêmes conditions stipulées par les traités antérieurs.

Le décret de 1824, en changeant le mode de nomination des alcades et des autres membres de l'autorité municipale, avait détruit la seule garantie politique qu'assuraient à la nation espagnole ses antiques institutions, en attribuant au gouvernement la nomination de ces magistratures populaires.

Les *trois provinces Basques* viennent d'adresser une représentation contre ce décret. Elles refusent formellement d'y obtempérer et de permettre au gouvernement de s'immiscer dans la nomination des *empleos de republicâ* (charges municipales). Comme depuis la restauration les trois provinces Basques ont été d'un grand poids dans toutes les décisions de quelque importance que le gouvernement a prises, cette opposition inquiète les ministres, qui veulent détruire jusqu'au souvenir de nos anciens droits.

Un ordre a été envoyé aux censeurs de toutes les villes où il y a des spectacles, de supprimer dans toutes les pièces de théâtre le mot *liberté*, partout où il se trouvera, ainsi que toute autre expression qui pourrait faire allusion aux événemens de

1820. Les censeurs sont personnellement responsables de tout applaudissement à propos d'une allusion de ce genre. Ainsi à l'avenir on ne verra plus représenter sur les théâtres que des *autos sacramentales* (mystères), suivis de *saynetes* et de *tonadillas* (farces et vaudevilles).

— *Les inquiétudes révolutionnaires*, tel est le titre d'un nouveau libelle qui circule à Paris. C'est un manifeste contre la liberté de la presse, et sorti des ateliers de M. Lourdoueix, et qu'on attribue à l'auteur d'une autre diatribe contre les obsèques du général Foy, de quelques romans tant soit peu impies, et de la *Lettre de Satan* aux francs-maçons.

« Il est assez remarquable, dit à ce sujet le Constitutionnel, qu'au moment où l'on discute chez M. le vicomte de la Rochefoucault un projet de loi sur la propriété littéraire dont le but est de mettre la législation en accord avec la liberté légale de la presse, il sort de l'officine de la police des poisons contre cette même liberté.

» D'où vient cette différence entre ce que l'on fait publiquement et ce que l'on trame à la sourdine au département de l'intérieur ? n'y aurait-il pas quelque imprudence à mystifier ainsi une commission de magistrats et de gens de lettres qu'on rassemble depuis deux mois pour délibérer sur un projet contre lequel on complote chez M. Corbière ?

» D'après les renseignemens qui nous sont parvenus, il est impossible de suspecter la bonne foi et les excellentes intentions qui ont présidé à la formation de la Commission de la propriété littéraire. C'est S. M. qui en a eu la généreuse pensée.

» La fabrique de libelles dirigés contre un projet si digne de la reconnaissance des gens de lettres, est payée par un ministère qui travaille honteusement à paralyser les nobles desseins du monarque, etc... »

5. — Le nouvel ambassadeur d'Autriche en France, M. le comte d'Appony, est *arrivé aujourd'hui à Paris*. Le prince Narisckin, grand-chambellan de l'empereur de Russie, etc., est mort hier soir à Paris des suites d'une maladie longue et douloureuse. Les artistes et les infortunés perdent en lui un protecteur aussi éclairé que bienfaisant.

— Danser après cinquante-sept ans de danses ! s'écriait *le Drapeau Blanc* au sujet de la représentation de Vestris ; et qu'y a-t-il donc de si étonnant ? N'avons-nous pas sur d'autres théâtres des danseurs qui dansent depuis aussi long-temps au moins, et toujours à leur bénéfice ? (*Frondeur*)

— Je te reconnais, disait sur le boulevard un arlequin à un pierrot, tu es de la police. — Eh ! voilà qui est bien malin, répliqua le pierrot, nous en sommes tous.

Le conseil d'état est appelé à statuer sur une réclamation relative à un engagement contracté par Henri IV, alors prince de Navarre, envers le colonel de Krockow. Le titre invoqué par le comte et la comtesse de Krockow, héritiers du colonel, était un arrêté de compte du 13 septembre 1570, dressé par le trésorier général de l'armée du prince de Navarre, signé Henri, et contre-signé Chastillon (1). L'engagement montait alors à 466,881 florins, ce qui ferait aujourd'hui 1,400,643 francs.

Le titre est ainsi conçu :

« Le colonel Krockow, avec ses troupes, a empêché le danger auquel (Henri IV) il était exposé ; il l'a protégé, ainsi que tant de milliers de chrétiens dans l'exercice de la religion, dans la possession de l'honneur et de la vie. Nous promettons et affirmons d'observer fidèlement l'engagement ci-dessus, pour nous et nos héritiers, sur notre honneur, notre foi, en notre dignité de prince. Nous renonçons à toutes les exceptions qui pourraient être en notre faveur; nous prions, demandons et engageons très-amicalement toutes personnes auxquelles s'adresserait notre susdit colonel, de n'y opposer aucun moyen de prescription, quelle qu'elle puisse être fondée en droit... »

Suivent les signatures.

Les héritiers Krockow avaient cru qu'aucune exception ne pourrait leur être opposée; et le ministre de la maison du roi ayant rejeté leur réclamation, ils se sont pourvus contre sa décision devant le conseil d'état, qui s'est déclaré incompétent.

L'ordonnance du roi est ainsi motivée :

« Considérant que la demande de la comtesse et du comte de Krockow ne rentre dans aucun des cas prévus par le § 2 de l'article 14 du décret du 11 juin 1806; qu'ainsi il n'y a pas lieu de se pourvoir par-devant nous par la voie contentieuse, contre la décision du ministre de notre maison, ci-dessus visée.

» La requête du comte et de la comtesse Krockow est rejetée.

Signé CHARLES.

7. — On lit aujourd'hui dans un journal, qu'on a rayé chez M. de Corbière les deux vers suivans d'un vaudeville nouveau :

« C'est en protégeant les beaux-arts
Qu'un roi peut illustrer son règne. »

L'auteur, étonné de cette mutilation, court chez l'inquisiteur officiel; il cite Louis XIV; mais le lieutenant de l'Omar ministériel lui répond : « Allez, Monsieur, la prétention que vous

---

(1) Henri a fait ses premières armes sous Coligny, qui, après l'assassinat du prince de Condé, refusa de commander l'armée dont il fit reconnaître chefs Henri, prince de Navarre, et son cousin, fils du malheureux prince de Condé. Coligny signait toujours *Chastillon*. On ne trouve la signature Coligny que sur son testament.

» soutenez au nom des artistes n'a pas le sens commun ; croyez-
» vous donc que quand il n'y aurait en France ni poètes, ni
» peintres, ni musiciens, le règne de Charles X en serait moins
» illustre ? »

Nous n'inventons point le fait, dit le journaliste ; nous le consignons ici, et nous le répétons pour faire voir comment les ministres comprennent la gloire de la royauté, et comment ils se mettent en hostilité ouverte avec la volonté du monarque. Que les commis de M. de Corbière sachent que Charles X règne sur des Français, et non sur des Vandales.

Nous allons peut-être donner un nouvel exercice à leurs ciseaux, en leur apprenant qu'hier, au théâtre de la Gaîté, le public a fait répéter le couplet suivant :

« L'académie est un bal
Où, par un travers fatal,
Jocrisse entre assez souvent
En costume de savant. »

7. — La réception de M. le duc Mathieu de Montmorency à l'Académie française est fixée définitivement à jeudi prochain, 9 février. Contre l'ordinaire, la séance commencera à deux heures précises, et les portes de l'Institut s'ouvriront à midi.

— Un limonadier de Marseille, à l'exemple de plusieurs de ses confrères, soit à Paris, soit dans les autres grandes villes de France, a donné le nom de *Café de Foy* à un établissement nouveau qu'il a élevé à grands frais. Croirait-on que l'autorité locale n'a pas voulu permettre l'ouverture de ce nouvel établissement, pour lequel le propriétaire a dépensé 40,000 fr. ? Il s'est pourvu devant les tribunaux ; ils auront à décider si le nom d'un guerrier, d'un orateur qui consacra sa vie et ses talens à la patrie, est devenu un nom séditieux.

— Par jugement du tribunal civil de Marmande, du 26 juillet dernier, le mariage contracté à Clairac, le 26 octobre 1824, entre Pierre Despeyroux et Marguerite Despeyroux, sa nièce, a été déclaré nul, sur la demande du procureur du roi, et les époux ont été condamnés à se séparer. Il paraît qu'ils sollicitent maintenant des dispenses de parenté, afin de contracter un nouveau mariage.

(*Journal de Lot-et-Garonne.*)

9. — Le projet d'adresse, de la Chambre des députés, en réponse au discours du trône, présenté au nom de la commission chargée de la rédaction, a donné lieu à des débats très-animés.

On assure que plusieurs discours étaient dirigés contre les mesures de finances, et l'émancipation de Saint-Domingue, etc.

La Chambre a entendu successivement, aujourd'hui, MM. Agier, Hyde de Neuville, Sébastiani, La Bourdonnaye, Bertin de Vaux, Dudon, Benjamin-Constant et Bacot de Romans. M. le président du Conseil des ministres est monté deux fois à la tribune.

Après une discussion très-vive, la Chambre a renvoyé à la commission la rédaction de la moitié du premier, du second et du troisième paragraphe de son adresse. La discussion sera reprise demain en comité secret.

9. — A huit heures du soir, le Roi étant sur son trône, a reçu S. Exc. le chancelier, MM. le grand référendaire, les secrétaires et la grande députation de la Chambre des Pairs, qui ont eu l'honneur de présenter à S. M. l'adresse votée par la Chambre dans sa séance d'hier.

Le discours suivant a été adressé au Roi, par M. d'Ambray, chancelier de France :

« Sire,

» Vos fidèles sujets les pairs de France s'approchent avec respect du trône de V. M., toujours heureux de venir y déposer l'hommage de leur ardent amour et de leur dévouement inaltérable.

» Sire, les pairs de France ont partagé la profonde affliction qu'a éprouvée le cœur de V. M. par la mort prématurée d'un allié si magnanime.

» Nous saisissons avec empressement les assurances consolantes qui viennent d'être renouvelées à V. M., par toutes les puissances, sur la continuation de leurs dispositions amicales. Elles nous donnent, ainsi qu'à V. M., la confiance que rien n'altèrera la bonne harmonie établie entre vous et vos alliés pour le repos des peuples.

» Nous vous remercions, Sire, de l'annonce que V. M. veut bien nous faire d'une convention conclue par elle avec S. M. B. Le commerce maritime désirait depuis long-temps les heureux résultats que V. M. se promet de cet arrangement. Le commerce se sentira encouragé en voyant la navigation réciproque des deux royaumes et de leurs colonies établie sur des conditions moins onéreuses et plus uniformes. Ainsi se formera un lien de plus entre deux grandes nations dont l'union importe à la paix du Monde.

» Une perte irréparable avait été consommée au milieu des tempêtes de la révolution. C'est à votre cœur royal qu'il appartenait de chercher le seul dédommagement dont elle fût aujourd'hui susceptible ; et V. M. s'est déterminée à-la-fois et à fixer le sort de Saint-Domingue, et à assurer une indemnité à ses infortunés colons. Il était temps, en effet, Sire, de fermer encore cette plaie qui devenait chaque jour plus profonde, de préserver au moins de l'indigence ceux qui avaient perdu la richesse, d'essayer enfin de rendre à la France, par le commerce, quelques-uns des avantages que lui procurait cette colonie, dont le territoire était perdu pour elle depuis trente années. V. M. ne se borne pas à nous annoncer la loi nécessaire pour répartir l'indemnité qu'elle a réservée aux colons de Saint-Domingue; et quand elle nous assure que la séparation définitive de cette colonie ne troublera point la sécurité de celles que nous conservons, alors toute crainte ultérieure doit disparaître.

» Le nouveau dégrèvement de dix-neuf millions, tel qu'il nous est annoncé par V. M., obtenu sans préjudice pour les besoins de l'Etat, permettant même un accroissement de dotations pour plusieurs parties du service public, consacré, en quelque sorte, par une amélioration dans le sort des ministres de notre sainte religion; un tel dégrèvement sera un nouveau bienfait de votre règne. Tous les Français, Sire, se féliciteront avec leur Roi d'avoir trouvé ainsi, dans le développement de leur industrie et dans les progrès de leur prospérité intérieure, les moyens de réduire les charges les plus onéreuses des contribuables, en satisfaisant à leur plus indispensable besoin, celui de la religion.

» V. M. se propose d'appeler nos méditations sur une des questions qui tiennent de plus près à l'essence du gouvernement monarchique et à la garantie des libertés reconnues ou fondées par la Charte. Le morcellement progressif de la propriété foncière, les conséquences qu'il peut avoir, même pour les premiers élémens de la représentation élective, avaient déjà éveillé deux fois l'attention de la Chambre des Pairs, dans l'intérêt du trône, des familles, et de nos institutions politiques. Nous croyons avec V. M. que la conservation des familles amène et garantit cette stabilité, premier besoin des Etats. Nous sentons aussi combien il importe de coordonner la loi politique avec la loi civile, d'après les règles les plus conformes à nos mœurs, les plus analogues à l'ordre établi, et surtout sans restreindre la liberté des pères de famille dans leurs dispositions. Nous attendons avec respect et confiance le projet de loi qui nous sera proposé au nom de V. M. Notre attention, nos scrupules même seront mesurés sur la gravité des intérêts privés et publics qu'embrasse une question si vaste, si élevée et si difficile.

» Comptez, Sire, sur l'empressement des Pairs de votre royaume à seconder les desseins que vous méditez pour le bonheur de vos sujets, comme ils se reposent sur la vigilante sollicitude de V. M. pour jouir des bienfaits de la restauration avec une pleine sécurité. Eh! qui pourrait la troubler cette sécurité, lorsque nous voyons partout l'Etat florissant, la Charte de Louis XVIII universellement révérée, ses lois et les vôtres religieusement obéies, les subsides payés, l'industrie et les arts encouragés, l'infortune secourue, la licence réprouvée par la raison et la conscience publique, et le nom du Roi couvert de bénédictions d'un bout à l'autre de son vaste empire.

Le roi a répondu :

« Messieurs, je reçois avec un vrai plaisir l'expression des sentimens de la Chambre des Pairs. Je suis satisfait du zèle qui l'anime pour seconder mes intentions et pour méditer les lois que je lui ferai proposer dans cette session : je compte sur vous, Messieurs, comme vous devez compter sur moi ; croyez que je ne négligerai rien pour consolider le bonheur de la France, la gloire de notre monarchie, et la liberté franche et entière, suivant les lois, dont il me plaît de croire que le Français est digne, et dont je m'appliquerai à le faire jouir dans tout ce qui dépendra de moi. »

8 *Février. — Ordonnance du Roi.*

CHARLES, etc.

Nous avons ordonné et ordonnons que la convention de navigation et les articles additionnels suivans, conclus et signés entre nous et S. M. B., le 26 janvier 1826, et ratifiés par nous, à Paris, le 31 du même mois, seront insérés au Bulletin des Lois, pour être exécutés suivant leur forme et teneur.

Au nom de la Très-Sainte-Trinité.

S. M. le roi de France et de Navarre, d'une part, et S. M. le Roi du Royaume-Uni de la Grande-Bretagne et de l'Irlande, de l'autre part, animés également du désir de rendre plus faciles les communications commerciales entre leurs sujets respectifs, et persuadés que rien ne saurait contribuer davantage à l'accomplissement de leurs vœux mutuels à cet égard, que de simplifier et d'égaliser les règlemens qui sont aujourd'hui en vigueur, quant à la navigation de l'un et l'autre royaume, par l'abolition réciproque de tous droits différentiels levés sur les navires d'une des deux nations dans les ports de l'autre, soit à titre de droit de tonnage, de ports, de phares, de pilotages et autres de même nature, soit à titre de surtaxes sur les marchandises, en raison de la non-nationalité du bâtiment qui les importe ou qui les exporte, ont nommé pour plénipotentiaires, afin de conclure une convention à cet effet, savoir :

S. M. le Roi de France et de Navarre,

Le prince Jules, comte de Polignac, pair de France, maréchal-de-camp de ses armées, chevalier de l'Ordre royal et militaire de Saint-Louis, officier de l'Ordre royal de la Légion-d'Honneur, grand'croix de l'Ordre de Saint-Maurice de Sardaigne, aide-de-camp de S. M. T. C., et son ambassadeur près S. M. B. ;

Et S. M. le Roi du Royaume-Uni de la Grande-Bretagne et de l'Irlande,

Le très-honorable George Canning, conseiller de S. M. B. en

son conseil privé, membre du parlement; et son principal secrétaire d'Etat ayant le département des affaires étrangères; et le très-honorable William Huskinson, conseiller de S. M. B. en son conseil privé, membre du parlement, président du conseil privé pour les affaires de commerce et des colonies, et trésorier de S. M. B.;

Lesquels, après s'être communiqué réciproquement leurs pleins pouvoirs respectifs, trouvés en bonne et due forme, ont arrêté et conclu les articles suivans :

Art. 1ᵉʳ. A dater du 5 avril de la présente année, et après cette époque, les navires français venant avec chargement des ports de France, et, sans chargement, de tous ports quelconques, ou se rendant avec chargement, de tous ports quelconques, ou se rendant avec chargement dans les ports de France, et sans chargement dans tous ports quelconques, ne seront pas assujétis, dans les ports du Royaume-Uni, soit à leur entrée, soit à leur sortie, à des droits de tonnage, de ports, de phares, de pilotage, de quarantaine ou autres droits semblables ou analogues, quelle que soit leur nature ou leur dénomination, plus élevés que ceux auxquels sont ou seront assujétis, dans ces mêmes ports, à leur entrée et à leur sortie, les navires britanniques effectuant les mêmes voyages avec chargement ou sans chargement; et réciproquement, à dater de la même époque, les navires britanniques venant avec chargement des ports du Royaume Uni, et sans chargement de tous ports quelconques, ou se rendant avec chargement dans les ports du Royaume-Uni, et sans chargement dans tous les ports quelconques, ne seront pas assujétis dans les ports de France, soit à leur entrée, soit à leur sortie, à des droits de tonnage, de ports, de phares, de pilotage, de quarantaine, ou autres droits semblables ou analogues, quelle que soit leur nature ou leur dénomination, plus élevés que ceux auxquels sont ou seront assujétis, dans ces mêmes ports, à leur entrée et à leur sortie, les navires français effectuant les mêmes voyages avec chargement ou sans chargement, soit que ces droits se perçoivent séparément, soit qu'ils se trouvent représentés par un seul et même droit; S. M. T. C. se réservant de régler en France le montant de ce droit ou de ces droits d'après le taux auquel ils sont ou seront établis dans le Royaume-Uni, en même temps que dans le but d'alléger les charges imposées à la navigation des deux pays, elle sera toujours disposée à en réduire proportionnellement l'élévation en France, d'après la réduction que pourront, par la suite, éprouver les droits perçus maintenant dans les ports du Royaume-Uni.

2. Toutes marchandises, tous objets de commerce qui peuvent ou pourront être légalement importés des ports de France dans les ports du Royaume-Uni, et qui y seront apportés sur navires français, ne seront pas assujétis à des droits plus élevés que s'ils

étaient importés sur navires britanniques; et réciproquement, toutes marchandises et tous objets de commerce qui peuvent ou pourront être légalement importés des ports du Royaume-Uni dans les ports de France, et qui y seront apportés sur navires britanniques, ne seront pas assujétis à des droits plus élevés que s'ils étaient importés sur navires français: S. M. T. C. se réservant d'ordonner que, de même que les produits de l'Asie, de l'Afrique et de l'Amérique ne peuvent être importés de ces pays, ni de tout autre, sur vaisseau français, ni de France, sur vaisseau français, britanniques ou autres, dans les ports du Royaume-Uni, pour la consommation du royaume, mais seulement pour l'entrepôt et la réexportation; de même aussi les produits de l'Asie, de l'Afrique et de l'Amérique ne pourront être importés de ces pays ni de tout autre, sur vaisseaux britanniques, ni du Royaume-Uni, sur vaisseaux britanniques, français ou autres, dans les ports de France, pour la consommation du royaume, mais seulement pour l'entrepôt et la réexportation: à l'égard des produits des pays d'Europe, il est entendu entre les hautes parties contractantes que ces produits ne pourront être importés sur navires britanniques en France, pour la consommation du royaume, qu'autant que ces navires les auront chargés dans un port du Royaume-Uni, et que S. M. B. adoptera, si elle le juge convenable, une mesure restrictive analogue à l'égard des produits des pays d'Europe qui seraient importés sur navires français dans les ports du Royaume-Uni; les hautes parties contractantes se réservant néanmoins la faculté de déroger en partie à la stricte exécution du présent article, lorsque, par suite d'un consentement mutuel et de concessions faites de part et d'autre, dont les avantages seront réciproques ou équivalens, elles croiront utile de le faire dans l'intérêt respectif des deux pays.

3. Toutes marchandises et tous objets de commerce qui peuvent ou pourront être légalement exportés des ports de l'un ou de l'autre des deux pays paieront, à la sortie, les mêmes droits d'exportation, soit que l'exportation des marchandises ou objets de commerce soit faite par navires français, soit qu'elle ait lieu par navires britanniques, ces navires allant respectivement des ports de l'un des deux pays dans les ports de l'autre; et il sera réciproquement accordé de part et d'autre, pour toutes cesdites marchandises et objets de commerce ainsi exportés sur navires français ou britanniques, les mêmes primes, remboursemens de droits, et autres avantages de ce genre, assurés par les réglemens de l'un ou de l'autre Etat.

4. Il est réciproquement convenu entre les hautes parties contractantes, que, dans les rapports de navigation entre les deux pays, aucun tiers-pavillon ne pourra, dans aucun cas, obtenir des conditions plus favorables que celles qui sont stipu-

lées dans la présente convention, en faveur des navires français et britanniques.

5. Les bateaux pêcheurs des deux nations, forcés par le mauvais temps de chercher refuge dans les ports ou sur les côtes de l'un ou de l'autre État, ne seront assujétis à aucuns droits de navigation, sous quelque dénomination que ces droits soient respectivement établis, pourvu que ces bateaux, dans ces cas de relâche forcée, n'effectuent aucun chargement ni déchargement dans les ports ou sur les points de la côte où ils auront cherché refuge.

6. Il est convenu que les clauses de la présente convention entre les hautes parties contractantes, seront réciproquement mises à exécution dans toutes les possessions soumises à leur domination respective en Europe.

7. La présente convention sera en vigueur pendant dix ans, à dater du 5 avril de la présente année, et au-delà de ce terme, jusqu'à l'expiration de douze mois après que l'une des hautes parties contractantes aura annoncé à l'autre son intention d'en faire cesser les effets; chacune des hautes parties contractantes se réservant le droit de faire à l'autre une telle déclaration, à l'expiration des dix ans susmentionnés; et il est convenu entre elles qu'après les douze mois de prolongation accordés de part et d'autre, cette convention et toutes les stipulations y renfermées cesseront d'être obligatoires.

8. La présente convention sera ratifiée, et les ratifications en seront échangées à Londres dans l'espace d'un mois, ou plus tôt, si faire se peut.

En foi de quoi, les plénipotentiaires respectifs l'ont signée et y ont apposé le cachet de leurs armes, l'an de grâce mil huit cent vingt-six.

ARTICLES ADDITIONNELS.

Art. 1er. A dater du 1er octobre de la présente année, et après cette époque, les navires français pourront faire voile, de quelque port que ce soit, des pays soumis à la domination de S. M. T. C., pour toutes les colonies du Royaume-Uni (excepté celles possédées par la Compagnie des Indes), et importer dans ces colonies toutes marchandises, produits du sol ou des manufactures de France, ou de quelque pays que ce soit, soumis à la domination française, à l'exception de celles dont l'importation dans ces colonies serait prohibée, ou ne serait permise que des pays soumis à la domination britannique; et lesdits navires français, et lesdites marchandises importées sur ces navires, ne seront pas assujétis, dans les colonies du Royaume-Uni, à des droits plus élevés, ni à d'autres droits que ceux auxquels seraient assujétis les navires britanniques important lesdites marchandises de quelque pays étranger que ce soit, et lesdites marchandises elles-mêmes.

Il sera accordé réciproquement dans les colonies de la France les mêmes facilités, quant à l'importation, sur navires britanniques de toutes marchandises (produits du sol et des manufactures du Royaume-Uni, ou de quelque pays que ce soit, soumis à la domination britannique), à l'exception de celles dont l'importation dans ces colonies serait prohibée ou ne serait permise que des pays soumis à la domination française. Et attendu que les produits des pays étrangers peuvent être importés maintenant dans les colonies du Royaume-Uni, sur les vaisseaux appartenant à ces pays, à l'exception d'un nombre limité d'articles spécifiés, lesquels ne peuvent être importés dans lesdites colonies que sur les vaisseaux britanniques, S. M. le roi du Royaume-Uni se réserve la faculté d'étendre cette exception sur tout autre produit des pays soumis à la domination de S. M. T. C., lorsque S. M. britannique jugera convenable de le faire pour placer le commerce et la navigation permis aux sujets de chacune des hautes parties contractantes avec les colonies de l'autre, sur le pied d'une juste réciprocité.

2. A dater de la même époque, les navires français pourront exporter de toutes les colonies du Royaume-Uni (excepté celles possédées par la Compagnie des Indes) toutes marchandises dont l'exportation de ces colonies, par navires autres que ceux britanniques, ne serait point prohibée; et lesdits navires, et lesdites marchandises exportées sur ces navires, ne seront pas assujétis à des droits plus élevés, ou à d'autres droits que ceux auxquels seraient assujétis les navires britanniques exportant lesdites marchandises, et lesdites marchandises elles-mêmes; et ils auront droit aux mêmes primes, remboursemens de droits, et autres allocations de cette nature, auxquelles pourraient prétendre les navires britanniques pour ces exportations.

Il sera accordé réciproquement dans toutes les colonies de la France les mêmes facilités et priviléges, pour l'exportation sur navires britanniques de toutes marchandises dont l'exportation de ces colonies par navires, autres que ceux français, ne serait point prohibée. Ces deux articles additionnels auront la même force et valeur que s'ils étaient insérés, mot à mot, dans la convention de ce jour. Ils seront ratifiés, et les ratifications en seront échangées en même temps.

CHARLES, etc.

Art. 1er. A dater du 5 avril prochain, les navires britanniques venant avec ou sans chargement des ports du Royaume-Uni de l'Angleterre et de l'Irlande et des possessions dudit royaume en Europe, dans les ports de France; et les navires français revenant des ports du Royaume-Uni et de ses possessions en Europe, paieront un droit de tonnage égal, lequel, jusqu'à ce qu'il en soit autrement ordonné, n'excédera pas le droit perçu à l'entrée des ports de France sur tous navires étrangers. Les navires britanniques venant des ports du Royaume-Uni ou des possessions de ce royaume en Europe, ne supporteront les redevances de pilotage, de bassins, de quarantaine, et autres analogues, que d'après le taux établi pour les navires français.

2. A dater de la même époque, toutes marchandises et tous objets de commerce qui peuvent ou pourront être légalement importés des ports du Royaume-Uni et de ses possessions en Europe, pour la consommation de notre Royaume, ne paieront, à leur importation par navires britanniques, que les mêmes droits qui sont ou seront perçus sur lesdites marchandises et objets de commerce à leur importation par navires français.

3. Les produits de l'Asie, de l'Afrique et de l'Amérique, importés de quelque pays que ce soit par navires britanniques, ou bien chargés par navires français ou tous autres dans un des ports de la domination britannique en Europe, ne pourront, à dater de la même époque du 5 avril prochain, être admis en France pour la consommation du Royaume, mais seulement pour l'entrepôt et la réexportation. La même disposition est applicable aux produits des pays d'Europe, autres que le Royaume-Uni ou ses possessions, lorsqu'ils seront importés par navires britanniques venant d'un autre port que ceux du Royaume-Uni ou de ses possessions en Europe.

4. Seront affranchis de tous droits de navigation les bateaux pêcheurs appartenant au Royaume-Uni ou à ses possessions en Europe, lorsqu'étant forcés par le mauvais temps de chercher un refuge dans les ports ou sur les côtes de France, ils n'y auront effectué aucun chargement ni déchargement.

9. — Académie française. — Réception de M. le duc Mathieu de Montmorency.

Les anciennes académies, établies sous les règnes de Louis XIII et Louis XIV, avaient été dissoutes. Elles furent remplacées en l'an 3 de la France républicaine, par un établissement conçu sur des bases plus larges, et qui embrassaient l'ensemble des connaissances humaines. Son existence fut consacrée par l'acte constitutionnel (titre X). « Il y aura pour toute la république un institut national chargé de recueillir les découvertes, de perfectionner les arts et les sciences. »

Bonaparte y fut admis comme mathématicien (1), après sa brillante campagne d'Italie. L'Institut avait pour membres résidens tout ce que la France avait de plus distingué dans les sciences, les lettres, et les arts, et pour associés correspondans, les savans, les littérateurs, les artistes les plus distingués des deux mondes.

En 1803, Bonaparte imposa à l'Institut une nouvelle division,

---

(1) Il fut reçu dans la section de mécanique. Un de nos poètes écrivait alors : « Et pour votre mécanicien, prenez celui de la victoire. »

et donna à la troisième classe le nombre de membres et les attributions de l'ancienne Académie française.

En 1815, l'Institut conserva son nom, mais subit une *épuration*, et les quatre classes reçurent les anciennes dénominations d'académie : la seconde eut celle d'Académie française.

Bonaparte y avait introduit son frère Lucien et le secrétaire d'État H. B. Maret. L'élection ne fut plus libre du moment où la faveur envahit les honneurs réservés aux grands talens littéraires. L'ambitieuse médiocrité put prétendre au fauteuil académique; les autres classes conservèrent plus d'indépendance et une considération mieux méritée. Il est donc vrai de dire que, même avant la restauration, les conditions de candidature avaient changé.

Parmi les littérateurs qui se présentèrent pour succéder à M. Bigot de Préameneu, on retrouvait des auteurs connus par des ouvrages récens, et qui venaient de signaler leur entrée dans la carrière littéraire ; et tandis qu'ils briguaient les suffrages de ceux qu'ils espéraient nommer bientôt leurs confrères, M. le duc Mathieu de Montmorency fut nommé.

Le récipiendaire a accepté franchement les conditions que lui imposait la circonstance : il n'a point dissimulé l'absence de titres spéciaux à une dignité littéraire.

Cette réception avait réuni une nombreuse et brillante assemblée. A une heure, toutes les places des tribunes et celles de faveur étaient occupées : plusieurs personnes étaient debout ; et des dames s'étaient estimées heureuses de pouvoir s'asseoir à la manière orientale sur les tapis qui couvraient l'estrade du bureau : presque tous les membres de l'Académie française étaient présens ; des membres des autres classes s'étaient réunis à leurs collègues. Madame la duchesse de Berry est venu se placer dans la tribune qui lui était réservée.

A deux heures très-précises, M. Daru, directeur de l'Académie, précédé de M. Raynouard, secrétaire perpétuel, et de M. de Châteaubriant, ont pris place au bureau.

M. de Montmorency s'est levé, et a commencé son discours. Il a pris pour texte de son exorde *l'insuffisance, ou plutôt l'absence de titres littéraires*. « Peut-être, a-t-il dit, l'indulgence de l'Académie a bien voulu me tenir compte des bonnes études que j'ai eu le bonheur de faire dans l'ancienne université de Paris....

.... Ne me serait-il pas facile de chercher autrement à m'expliquer l'honneur de vos suffrages ? ne le dois-je pas à votre constante fidélité, aux usages ; je pourrais dire aux règles de conduite et aux exemples dont vous avez si dignement recueilli l'héritage ? l'Académie française n'a-t-elle pas toujours montré ce dessein, qui n'est ni sans grandeur, ni sans utilité publique, de former dans ses rangs les plus heureuses alliances, de resserrer les nœuds de mutuel attachement et de douce confraternité, entre les grands écrivains et leurs simples admirateurs, entre ceux que recommandent à l'estime publique les glorieux succès, les bons ouvrages, et ceux qui ont toujours mis un grand prix à perpétuer les pures traditions de notre belle langue?

A l'éloge de son modeste et vertueux prédécesseur, dont les travaux d'économie politique eurent plus d'utilité que d'éclat littéraire, le nouvel académicien a fait succéder celui de Saint-Vincent-de-Paul, de l'abbé de Boismont, de l'abbé de Besplas, de l'abbé de Fénélon, neveu de l'auteur de Télémaque, de l'abbé Legris-Duval, dont la piété douce autant qu'éclairée fuyait les honneurs et le bruit, et toujours tolérante et généreuse, se vouait au soulagement de toutes les infortunes.

M. de Montmorency a successivement fait les éloges de Corneille, de Racine, du cardinal de Richelieu, de Bossuet, de Delille. Le roi, les princes, les princesses de sa famille, ont aussi reçu le tribut de ses félicitations.

M. Daru a répondu à M. de Montmorency par un discours plein de dignité, de raison et de grâce : il a, sans orgueil, et sans employer d'officieuses concessions, relevé, rappelé la juste considération due aux lettres et aux hommes qui les cultivent avec autant de talent que de succès. « Dans l'état actuel de la civilisation, a-t-il dit, la cour ne donne plus le ton à Paris, Paris aux provinces ; le barreau et la tribune nationale ont appris aux hommes, dont la vie est consacrée à l'étude des lettres, que l'éloquence est un moyen et non pas un but ; et qu'il est une autre gloire que celle de dire de belles choses, c'est de dire des choses utiles et courageuses. » Et s'unissant de vœu et d'intention à M. de Montmorency, il a fait l'éloge du Roi : il l'a loué surtout d'avoir commencé son règne par l'affranchissement de la pensée, à laquelle il a rendu la noble et sage indépendance, que lui garantit la Charte constitutionnelle.

Des applaudissemens unanimes ont accueilli cet éloge mérité.

M. Daru s'est ensuite levé, et a dit : « M. de Châteaubriant va lire un discours sur l'invasion des barbares, les mœurs des empereurs romains, des chrétiens, des païens et des barbares. »

L'orateur s'est attaché à prouver que le christianisme fut, non-seulement un bienfait, mais une nécessité pour l'univers ; que son apparition sur la terre fut l'époque de la réformation des mœurs, et de la reconstruction d'une société nouvelle.

...... « A mesure que le polythéisme tombe et que la révélation divine se propage, les devoirs de famille et les droits de l'homme sont mieux connus : mais enfin cet empire des Césars est condamné ; il ne reçoit les secours de la vraie religion qu'afin que tout ne périsse pas dans son naufrage. Le monde était trop corrompu, trop rempli de vices, de cruautés et d'injustices pour qu'il pût être entièrement régénéré par le christianisme; une religion nouvelle avait besoin de peuples nouveaux ; il fallait à l'innocence de l'Evangile l'innocence des hommes sauvages; à une foi simple, des cœurs simples comme cette foi.

» Dieu ayant donc arrêté ses conseils les exécuta.

» Rome, qui ne voyait à ses frontières que des solitudes, croyait n'avoir rien à craindre, et toutefois c'était dans des camps déserts que la Providence rassemblait l'armée des nations. »

L'orateur peint ensuite à grands traits l'invasion des barbares et cette longue et hideuse suite de catastrophes, où le crime et l'ineptie se disputent le trône ensanglanté des Césars. Cette lutte meurtrière, dont il fixe le terme à quatre siècles s'étendit bien au-delà. Le fer des Musulmans termina seul les crimes des princes d'Orient dans le seizième siècle : les monarques de l'Europe restèrent tranquilles spectateurs de la chute du dernier Constantin.

L'empire d'Occident avait, il est vrai, fini au cinquième siècle. Mais en devenant chrétiens, les barbares, qui s'emparèrent des Gaules, n'apportèrent et ne reçurent point les bienfaits de la civilisation. d'autres causes nées de l'ignorance des peuples et de l'ambition sanguinaire de leurs chefs, amenèrent de nouveaux malheurs.

La chute de l'empire d'Orient ramène l'attention de l'orateur sur la Grèce, qui n'était déjà plus la patrie des arts, des sciences et de la civilisation.

« Mais, ajoute-t-il, en vain les Goths firent périr des chefs-d'œuvre à Olympie, la dévastation et l'esclavage ne purent lui ravir ni son génie, ni son nom. On abattait ses monumens, et leurs ruines n'en devenaient que plus sacrées; on dispersait ces ruines, et l'on trouvait au-dessous les tombeaux des grands hommes; on brisait ces tombeaux, et il en sortait une mémoire immortelle! Patrie commune de toutes les renommées, pays qui ne manqua plus d'habitans, car partout où naissait un étranger illustre, là naissait un enfant adoptif de la Grèce, en attendant la renaissance de ces indigènes de la liberté et de la gloire, qui devaient un jour repeupler les champs de Platée et de Marathon !

» Après tant de calamités, quand la poussière élevée sous les pas de l'armée des nations sera retombée; quand les tourbillons de fumée, s'échappant de tant d'incendies, se seront dissipées; quand la mort aura fait taire tant de gémissemens; quand le bruit de la chute du colosse romain aura cessé de retentir, alors on apercevra une croix, et, au pied de cette croix, un nouvel univers : tout sera changé, hommes, religion, mœurs, langage. Quelques apôtres, l'Evangile à la main, assis sur des ruines, ressusciteront la société au milieu des tombeaux, comme jadis leur maître rendait la vie à ceux qui avaient cru en lui.

» Arrêtez-vous devant ce monde étranger pour y reconnaître, si vous le pouvez, deux hommes.

» L'un est fils d'un secrétaire d'Attila ; sorti de Rome pour jamais avec l'empire, il vit relégué dans une ancienne maison de campagne de Lucullus, sans se douter de tout ce qui s'attache à son nom, indifférent aux leçons, ignorant des souvenirs que donnent et rappellent les lieux qu'il habite.

» L'autre personnage a pour sceptre une hache, pour couronne une longue chevelure ; il a soumis une petite ville appelée Lutèce.

» Ce fils du secrétaire d'Attila, est Augustule ; ce roi barbare est Clovis. »

Il appartenait à l'auteur du *Génie du Christianisme*, d'opposer la puissance de son talent et de sa renommée, à une fausse opinion trop généralement répandue. Pour tout homme qui a lu avec quelque attention l'histoire de notre pays, il est évident que Clovis ne fut point le premier roi chrétien dans les Gaules. Les aïeux de Clotilde y régnaient depuis plus d'un siècle ; les Bourguignons, conduits par Gondicaire, étaient chrétiens avant leur entrée dans les Gaules. Leur conquête ne s'était pas bornée à une petite ville comme Lutèce, mais à plusieurs vastes provinces. Le royaume de Bourgogne était déjà grand et puissant avant que Clovis et les siens eussent franchi les rives du Rhin. Clotilde, nièce de Gontran, roi de Bourgogne, était née chrétienne ; Clovis ne l'obtint point du libre consentement de son oncle ; il la fit enlever par son ambassadeur ; et il est plus que vraisemblable que, si, Clotilde, devenue veuve, n'eût pas excité ses fils à faire la guerre à Gontran ; si, pour venger son père, elle n'eût pas commandé l'assassinat de son oncle, le royaume de France s'appellerait royaume de Bourgogne. La légende ne prête à Clotilde que d'éminentes vertus, mais l'histoire, fille de la vérité, est plus sévère que la légende ; et les documens les plus authentiques, les plus incontestables, repoussent une assertion qui, pour être très-accréditée, n'en est pas moins une erreur manifeste.

7 Février. — Voici de nouveaux détails sur les deux prévenus de l'assassinat du changeur Joseph, et sur les circonstances de leur crime, publiés par la *Gazette des Tribunaux* :

« Malaguty, mécanicien fort habile, était cependant sans travail et avait déjà commis d'autres vols. Rata, imprimeur lithographe, gagnait 40 francs par semaine, nourrissait son compatriote, et avait vécu jusqu'alors honnêtement. Ce fut Malaguty qui l'entraîna par ses conseils à commettre le crime.

» Tous les deux avaient résolu de s'en retourner en Italie ; mais ils formèrent le projet de se procurer, avant leur départ, une somme considérable d'argent, et, pour cela, d'exécuter un grand coup. Les changeurs offraient un riche butin à leur cupidité ; ce fut sur eux qu'ils jetèrent leur vue de préférence. Ils employèrent plusieurs mois à étudier les habitudes de tous ceux qui logent au Palais-Royal. Ils parvinrent à savoir que Joseph était le seul qui n'eût point de commis. Ils découvrirent encore que, certains jours de la semaine, sa femme allait passer la soirée chez une voisine, que la servante montait dans la chambre, et qu'alors Joseph restait seul à la boutique. Toutes ces circonstances leur parurent favoriser merveilleusement leur projet, et ils l'exécutèrent avec autant d'adresse que d'audace.

» Ce qu'on n'avait point su jusqu'à présent, c'est qu'une fois entrés dans la boutique, l'un des deux tira un petit verrou, qui est en dedans de la porte, ainsi que le rideau qui se trouve sur les carreaux, de telle sorte que les passans ne pouvaient pas les apercevoir, et que si quelqu'un était survenu, il aurait pensé naturellement, en trouvant la porte fermée, que le changeur s'était absenté et qu'il n'y avait personne dans la boutique.

» Malaguty a frappé le premier, pendant que Rata tenait les mains de la victime; puis Rata a frappé à son tour. Joseph étant tombé sous leurs coups, Malaguty a dit à l'autre de prendre l'argent; ensuite ils sont sortis, ont traversé la galerie et gagné le jardin; de là ils se sont rendus à la place de Grève. Rata, qui avait le devant de son pantalon tout couvert de sang, est descendu à la rivière pour le laver, et pendant ce temp, Malaguty a été chez un changeur, où il a pris trente-trois pièces de 5 fr. pour sept de 20 fr., afin d'éviter les soupçons qu'on aurait pu concevoir à leur auberge en les voyant payer avec de l'or. Alors ils se sont rendus à l'auberge où ils logeaient, ont fort bien soupé, ont caché pendant la nuit les 19,000 fr. dans leur paillasse, et sont sortis le lendemain matin, après avoir payé tout ce qu'ils devaient.

» Ils ont dirigé leurs pas vers la barrière Charonne, et ils ont enfoui dans un champ voisin de cette barrière leurs 19,000 francs en or, partagés en dix-neuf paquets de 1,000 francs chacun. Les jours suivans, ils se rendirent à ce même endroit pour surveiller leur trésor. Un jour ils s'aperçurent que des ouvriers travaillaient dans ce champ; ils craignirent qu'on ne découvrît le trésor, ce qui les détermina à le changer de place; ils allèrent donc l'enterrer dans la petite ruelle qui conduit du petit au grand Charonne, au pied d'une borne, dans l'angle d'un mur, et c'est là qu'ils avaient été le chercher pour le rentrer dans Paris, lorsqu'ils furent arrêtés par les employés de la barrière, dont leurs fréquentes démarches et leur allure avaient dû exciter les soupçons. Leur but était de prendre un passeport, et de partir aussitôt pour l'Italie. Ils ont échoué au moment même où ils allaient toucher au port.

» Ce qui est difficile à concevoir et digne d'attention, c'est que ces deux individus, qui avaient montré tant d'adresse et de présence d'esprit dans les préparatifs et l'exécution de leur forfait, soient devenus tout-à-coup si maladroits et si timides après l'avoir commis. Combien il est heureux pour la société que les plus grands scélérats, troublés par leur propre crime, se perdent presque toujours eux-mêmes par leur imprudence ou par un excès de précaution! Interrogés sur les motifs pour lesquels ils n'avaient pas gardé leur argent sur eux, au lieu de se donner tant de soins inutiles et dangereux pour le cacher, ils se sont bornés à répondre : *C'est oune Providence!* Ils ont tout avoué.

» Mais voici une circonstance fort curieuse. Le mécanicien Malaguty avait fabriqué, pour cacher les 18,000 francs, et leur faire franchir la frontière sans les soumettre à l'examen de la douane, une meule de gagne-petit, qui est, dit-on, un petit chef-d'œuvre de l'art, et qui excitera la plus grande surprise. On prétend qu'elle est façonnée de manière qu'en l'examinant et en la retournant en tous sens, il eût été impossible de soupçonner qu'elle contenait 18,000 fr. en or. »

On annonce qu'on vient de faire lithographier les portraits des deux Italiens. Cette mesure a sans doute un but utile, celui de découvrir s'ils ne rappelleraient pas à quelques personnes d'autres forfaits des mêmes individus.

10 *Février.* — On assure que dans le comité secret de la chambre des députés, la nouvelle rédaction des trois paragraphes renvoyés à la commission, a été adoptée sans réclamation. La partie du projet d'adresse relative à l'émancipation de Saint-Domingue, a été vivement discutée par MM. Kergariou, de Berbis, Sébastiani, Hyde-de-Neuville, Vaublanc, Casimir Perrier, Desrotour, Benjamin Constant, Berthier et Bacot de Romans. M. le président du conseil des ministres est monté deux fois à la tribune, et tous les amendemens ont été rejetés.

Le dernier paragraphe relatif à la *licence* de la presse, a été combattu avec plus de force et de talent que de succès, par MM. Royer-Collard, Mestadier, Berthier et Labourdonnaye; et a été soutenu par MM. Desrodets et Chifflet; il a passé à une très-faible majorité.

M. Benjamin Constant a proposé sans succès, un paragraphe en faveur des Grecs. L'adresse a été ensuite votée au scrutin. Le nombre des votans était de 261; elle a été adoptée à la majorité de 174 voix contre 87.

Ce paragraphe était ainsi conçu :

» Enfin, Sire, vos fidèles sujets les députés des départemens, osent supplier V. M. d'aviser dans sa sagesses aux moyens de sauver les chrétiens malheureux qui tombent par milliers sous le fer des infidèles, et d'empêcher surtout des Français, que leur patrie et l'Europe désavouent, de seconder les féroces ennemis du nom chrétien. Car, si nous voyons avec indifférence le massacre de nos frères d'Orient, toute protestation de notre respect et de notre amour pour la religion sainte, qu'ils professent comme nous, semblerait dans notre bouche une dérision cruelle et amère. »

Il circule dans le public, une copie d'un projet d'adresse proposé par M. Bertin-de-Vaux, pour être substitué au projet présenté par la commission.

Cette copie paraît authentique. Nous la rapportons textuellement :
» Sire,

» Vos fidèles sujets, les députés des départemens, viennent déposer au pied du trône, le tribut accoutumé de leur respect et de leur amour. Ils remercient V. M. de n'avoir pas abrégé le repos sur lequel elle leur avait permis de compter, mais elle les trouvera toujours empressés à y mettre un terme, quand les intérêts de la France réclameront leurs travaux.

» V. M. a la confiance que rien n'altérera la bonne harmonie qui s'est établie entre elle et ses alliés pour le repos des peuples. Vos fidèles sujets, Sire, partagent d'autant plus cette confiance, qu'ils savent que l'héritier de Henri IV connaît toute la dignité de sa couronne, et que la France n'a oublié ni sa puissance, ni sa gloire.

» Les députés, Sire, attendent avec une respectueuse sécurité les effets de la convention que vous avez conclue avec S. M. B.

» Le cœur paternel de V. M. a voulu fixer le sort des habitans de Saint-Domingue ; la chambre des députés se fera un devoir d'examiner avec soin dans ses causes et dans ses effets la loi de répartition annoncée.

» Plus particulièrement investis par la charte de l'initiative en tout ce qui concerne les lois de finances, les députés ont entendu avec une vraie reconnaissance V. M. leur annoncer un nouveau dégrèvement de 19 millions sur les contributions. Le développement de notre commerce et de notre industrie, dû aux généreuses institutions que V. M. a jurées, aura servi ainsi à adoucir le souvenir de quelques autres opérations moins heureuses.

» Améliorer le sort des ministres de notre sainte religion, et surtout de ceux qui, portant le plus grand fardeau, sont le moins secourus, sera toujours le vœu le plus ardent et le devoir le plus sacré des députés fidèles au culte du Dieu de saint Louis.

» La prévoyance royale s'est occupée de l'accord à établir entre la loi politique et la loi civile. Les députés des départemens ne pourront manquer de donner l'attention la plus sérieuse à une loi qui pénétrera jusque dans les principes de la propriété et jusque dans le sein des familles.

» Sire, vos fidèles sujets, les députés des départemens, ne seront jamais émus par des inquiétudes irréfléchies, comme ils feront toujours du salut du Roi, de la gloire du trône, de l'honneur de la patrie, l'objet de leur constante sollicitude, et les libertés légales que votre royale munificence assure de nouveau à vos peuples, opposeront à la licence une barrière insurmontable. »

10 *Février*. — Dans sa séance d'aujourd'hui, l'Académie des sciences a reçu une lettre de M. le garde des sceaux qui l'invite à nommer une commission chargée de rechercher les procédés propres à confectionner un papier sur lequel l'écriture ne pourrait être enlevée par des moyens chimiques.

Le ministre appelle aussi l'attention de l'Académie sur plusieurs moyens qui lui ont été présentés pour rendre l'encre tout-à-fait indélébile. Il paraît que depuis quelque temps on a remis dans le commerce une grande quantité d'ancien papier timbré dont l'écriture a été adroitement enlevée.

L'Académie a renvoyé à la section de chimie les questions proposées par le ministre.

10. — Ce soir, à huit heures, M. Ravez, président de la chambre des députés, accompagné de MM. les secrétaires et d'une grande députation composée de MM. de Micillle, comte de Rougé, vicomte de Parel-d'Esperut, vicomte d'Harcourt, Chifflet, Olivier, de Wangen, de Galard-Terraube, Breton, Fouquier-Long, Alexis de Noailles, de Labaseque, Nicod de Ronchaud, Casimir Perrier, de Monceau, Bertin-de-Vaux, Halgan, de Fraguier, Duranquet de Chalus, Hersard de la Villemarqué, a présenté au Roi l'adresse suivante :

« SIRE,

» Rappelés au pied du trône de Votre Majesté, vos fidèles sujets, les députés des départemens, viennent y déposer le respectueux hommage de leur reconnaissance et de leur amour. Dans sa bienveillante sollicitude, Votre Majesté se félicite de n'avoir pas abrégé leur repos; Sire, ils en auraient fait avec empressement le sacrifice à leurs devoirs ; et la satisfaction que témoigne Votre Majesté de se retrouver au milieu de nous eût été notre récompense.

» Une mort prématurée a terminé la carrière de l'un de vos plus magnanimes alliés. Sire, nous avons partagé votre juste douleur. L'assurance que son successeur et les autres puissances donnent à Votre Majesté de la continuation de leurs dispositions amicales est un gage du maintien de la paix qui fait le bonheur de l'Europe et la véritable gloire des rois qui l'ont affermie.

» Nous espérons, avec Votre Majesté, que l'arrangement conclu entre elle et S. M. britannique, encouragera, par ses heureux résultats, notre commerce maritime, source féconde de prospérité pour notre agriculture et notre industrie.

» En se déterminant à fixer le sort de Saint-Domingue, perdu depuis trente années pour la France, Votre Majesté a voulu soulager l'infortune des anciens colons, et sauver les débris d'un irréparable naufrage. Nous attendrons, Sire, dans une respectueuse confiance, les communications que Votre Majesté nous annonce, et nous apprenons avec joie que ce nouvel état de choses ne troublera pas la sécurité des colonies que nous conservons.

» L'élévation du produit des taxes, fruit des progrès de l'industrie et du commerce, permet à Votre Majesté de rendre la situation des ministres des autels plus digne de leurs saintes fonctions, d'augmenter utilement la dotation de plusieurs services, et d'accorder aux contribuables un nouveau dégrèvement de 19 millions. Nous nous félicitons, Sire, de cet accroissement de prospérité intérieure, qui donne à Votre Majesté les moyens de satisfaire aux vœux de ses peuples et au plus pressant besoin de son cœur.

» Pour prévenir l'affaiblissement des garanties que la charte nous assure, Votre Majesté juge nécessaire de mettre des bornes au morcellement progressif de la propriété foncière, et de rétablir l'accord de la législation civile avec la loi politique sans porter atteinte à la faculté de disposer de ses biens.

» Nous examinerons, Sire, avec toute la maturité de la réflexion un projet qui, par ses rapports avec l'ordre des successions, la conservation du patrimoine des familles et les principes du gouvernement monarchique, touche aux plus importantes questions de l'état social. La chambre n'oubliera pas que, si l'intérêt général est la première base de ses délibérations, elle doit mettre à le rechercher autant de prudence que de justice.

» Sire, c'est avec zèle que nous seconderons Votre Majesté dans l'accomplissement de ses desseins pour la félicité de son peuple et l'affermissement de nos institutions. Nous ne sommes point émus des inquiétudes qui agitent encore quelques esprits. Votre Majesté veille à tous les intérêts; elle saura défendre les libertés publiques même de leurs propres excès et les protéger toutes contre une licence effrénée qui, sans respect pour les choses les plus saintes et les personnes les plus sacrées, répand chaque jour ses poisons corrupteurs et s'efforce d'altérer dans leurs sources nos affections et nos *croyances*. La France se confie en son roi pour le maintien de la sécurité dont nous jouissons. Que pourrait-elle craindre, Sire, à l'abri d'un trône dont nos lois, vos vertus et notre amour ont cimenté la puissance ?

— Le Roi a répondu :
» Messieurs, l'expression des sentimens de la chambre des députés a toujours droit de pénétrer jusqu'à mon cœur. Je vois avec une douce satisfaction qu'elle partage le plaisir que j'éprouve, que la prospérité publique me donne les moyens de secourir les ministres de la religion, et en même temps de soulager mes peuples d'une partie du fardeau des impôts qui

pèsent sur eux. Croyez, Messieurs, que je sais apprécier vos sentimens, et que je veille, comme je vous l'ai dit, à tous vos intérêts. Ayez en moi cette confiance, j'ose le dire, que j'ai en vous. Si je pensais que quelqu'inconvénient, que quelque malheur public pût nous menacer, soyez persuadés, Messieurs, que je m'adresserais à vous avec confiance pour en obtenir tous les moyens d'arrêter ce qui pourrait être contraire au maintien de notre repos. Mais, en attendant, soyez sûrs que j'ai l'œil toujours ouvert sur tout ce qui se passe, et que si je ne vous demande rien, c'est que je sens en moi assez de forces pour pouvoir réprimer ceux qui s'opposent au bonheur public. Commencez vos travaux avec cette confiance de l'homme de bien qui ne veut que le bonheur de son pays, et croyez que ce sera avec satisfaction que je vous verrai approfondir les lois qui vous seront proposées, et qui toutes doivent concourir, du moins dans mon espérance, à assurer la prospérité de mes peuples. »

10. — La cour d'assises de Melun, a terminé aujourd'hui les longs et pénibles débats d'un procès criminel vraiment extraordinaire, et par le nombre et l'énormité des crimes qui faisaient l'objet de l'accusation, et par le caractère du principal accusé.

Guillaume avait déjà subi une condamnation de douze ans de fers; sa vie n'offre qu'une série de crimes; avec lui figuraient sur les bancs des assises, les époux Mouchain et Champy, que de graves dépositions signalaient comme l'un des assassins de sa femme.

Guillaume a montré dans les débats la plus grande fermeté; l'intérêt de sa défense semblait ranimer sa vie usée par le crime; il a été condamné à mort: les autres accusés ont été acquittés; impatiens de jouir de la liberté, les époux Mouchain se hâtèrent de sortir; Champy signala par un dernier trait cette sordide avarice dont plusieurs documens de la procédure avaient déjà offert des preuves; il sollicita avec les plus vives instances, du gendarme, la permission de passer la nuit en prison, pour s'épargner une dépense de quinze sols pour un gîte à l'auberge. Champy est riche de 60,000 francs.

Guillaume a entendu son arrêt sans effroi, et d'une voix ferme, il a déclaré qu'il n'en *rappelait* pas; il a demandé d'être exécuté dans vingt-quatre heures; le président a ordonné de le ramener en prison.

Guillaume ne s'est point pourvu en cassation; et après le délai expiré, il a subi son arrêt; il a protesté jusque sur l'échafaud qu'il mourait victime d'une *erreur de la justice;* et les débats qui avaient duré cinq jours, ont constaté une foule de preuves accablantes de sa culpabilité.

11. — Tandis que le gouvernement espagnol rêve encore la

reprise de ses colonies de l'Amérique du sud, on ne lira pas sans intérêt la lettre suivante du pape au président des états du Mexique. Cette lettre n'est-elle pas une reconnaissance implicite de l'indépendance de la nouvelle république? Le journal des Débats publie aujourd'hui ce document, auquel les circonstances donnent quelque importance.

Mexico, 30 novembre 1825.

La gazette extraordinaire du Mexique, en date du 25 novembre, contient ce qui suit :

Lettre de N. T. S. P. Léon XII, à S. Exc. le président des États-Unis du Mexique, Guadelupe-Victoria, accompagnée d'une note du très-éminent cardinal au secrétaire d'état de cette république :

Léon XII, Pape,

« Cher fils, salut et bénédiction apostolique; nous avons
» reçu avec la plus grande satisfaction, la lettre que vous
» avez cru devoir nous adresser le 10 octobre de l'année der-
» nière, avec plusieurs autres qui l'accompagnaient. Notre ca-
» ractère et la dignité à laquelle, sans aucun mérite de notre
» part, nous avons été élevé, nous oblige à ne point nous mê-
» ler de ce qui ne concerne pas immédiatement l'Église.

» Nous nous contenterons donc de vous donner tous les re-
» mercimens dus à vos égards, et de vous féliciter sur la paix et la
» concorde qui, suivant vous, règnent au Mexique, et dont
» la nation jouit par la faveur de Dieu.

» Votre constance dans la foi catholique et votre vénération
» pour la chaire apostolique, vous recommandent si fortement à
» nous, que nous avons pensé, avec raison, que nous pourrions
» vous compter au nombre des enfans que nous aimons le plus
» en Jésus Christ.

» Quant à notre grande affection pour votre personne, et
» quant aux promesses sacrées par lesquelles vous nous engagez
» à ne jamais cesser de soutenir l'Église, soyez assuré que nous
» les avons lues avec un plaisir extrême, et que nous implo-
» rons Dieu de vous soutenir dans cette sainte détermination,
» et de vous aider à y persévérer.

» En attendant, comme preuve de notre amour, non-seule-
» ment pour vous, mais pour tous les Mexicains, nous vous
» donnons la bénédiction apostolique avec toute la sincérité
» d'un cœur paternel.

» Donné à Saint-Pierre à Rome, 29 juin 1825, dans la se-
» conde année de notre pontificat.   Léon, P. P. XII.

» A notre bien-aimé fils, l'illustre commandeur, *Guadelupe-Victoria*.

— La Cour royale de Rouen vient de prononcer l'interdiction de Persat : cet aventurier, qui, à la Havane, aux États-Unis, et enfin en France, prétendait être le dauphin, fils de Louis XVI, et se faisait appeler Charles X, son vrai nom est Persat.

12. — *Droit d'aînesse.* — Cette expression n'est plus depuis plus de trente ans, ni dans nos lois, ni dans nos mœurs ; ce droit prétendu n'est point connu de la génération qui s'est élevée depuis qu'un code unique règle les droits et les devoirs civils et politiques de tous les Français.

En vain une voix auguste a prêté à cette conception toute ministérielle l'appui d'une puissante autorité. La religion du monarque a été surprise.

Cette innovation dans notre droit public a partout excité les mêmes alarmes, et c'est une violation manifeste du principe consacré par la Charte, l'égalité devant la loi ; ce n'est point le rétablissement d'un ancien droit, c'est la création d'un abus qui attaque l'intérêt, le repos, la sécurité des familles ; unique but de toutes les associations humaines ; l'État peut-il être heureux et tranquille quand la discorde et la haine divisent les familles ? L'autorité paternelle la plus ancienne, la plus respectable, la plus universelle des magistratures est frappée dans sa base.

Ce privilége des aînés existait en vain jadis, il avait survécu pour quelques parties de la France au régime barbare qui l'avait produit ; mais dans les pays mêmes sur lesquels il pesait encore vers la fin du dernier siècle, il variait suivant les localités ; ce n'était qu'une calamité locale et partielle, et on prétend l'étendre sur toutes les parties de la France.

Nous ne retracerons pas le tableau des pays qu'affligeait cette plaie politique, et de ceux qui en étaient heureusement délivrés ; il nous suffira de citer à cet égard les dispositions de la coutume de Paris.

Les articles 302 et 303 disposent :

» Les enfans héritiers d'un défunt, viennent également à la succession d'iceluy défunt, fors et exceptés des héritages tenus en fief ou franc aleu nobles selon la limitation mentionnée au titre des fiefs.

» Père et mère ne peuvent par donation entre vifs, par testament ou ordonnance de dernière volonté, ou autrement en manière quelconque, avantager leurs enfans venant à leur succession l'un plus que l'autre. »

Le législateur avait maintenu le principe d'égalité des partages, même entre les enfans nés de différens mariages.

L'article 279 dispose :

» Succèdent les enfans des subséquens mariages aux conquets des précédens mariages avec les enfans des mariages précédens, *également venant à la succession de leur mère*, comme aussi les enfans des précédens lits succèdent pour leurs parts et portions aux conquets faits pendant et constans les subséquens mariages. »

» Franc aleu... ou il n'y a fief mouvant de lui, justice ou censive, il départit (1) roturièrement.

L'article 13 fixait le préciput de l'aîné dans les races nobles.

« Au fils aîné appartient par préciput le château ou manoir principal et basse-cour attenante et contiguë audit manoir destiné à icelui, encore que le fossé du château ou quelqu'archemin fussent entre les deux : en outre lui appartient un arpent de terre de l'enclos ou jardin joignant ledit manoir, si tant y en a; et si ledit enclos contient davantage, l'aîné peut retenir le tout en baillant récompense à ses puînés de ce qui est valu ledit arpent, en terre du même fief, si tant y en a; sinon en autres terres ou héritage de ladite succession, à la commodité des puînés, le plus que faire se pourra, à dire de prud'hommes; et s'entend l'enclos ce qui est fermé de murs, fossés ou hayes vives..... »

Le nouveau projet de loi ordonne l'allocation de la légitime aux puînés en argent; c'est les exposer à une véritable exhérédation : dans l'âge de l'inexpérience et des passions pourront-ils faire un emploi utile de ce mobile débris de l'héritage paternel?

Il semble que les rédacteurs de la loi nouvelle aient pris à tâche d'ajouter à un premier abus tout ce qui pouvait le rendre irréparable.

Dans l'ancienne loi, l'aîné pouvait renoncer à ses droits; et ce qui était alors facultatif deviendrait impératif aujourd'hui.

Mais il y a plus, le but avoué de la loi nouvelle est détruit par la loi même. On a voulu conserver dans certaines familles, la plupart plus à charge qu'utiles à l'Etat, le patrimoine héréditaire; et il est donné à celui des enfans le moins fait pour le garder : il est vrai qu'on le déclare inaliénable jusqu'à la troisième génération.

Ainsi l'heureux privilégié pourra se jouer des engagemens les plus sacrés, et insulter aux créanciers les plus légitimes : la loi protégerait ce qu'elle doit punir.

Cette nouvelle classe privilégiée ne tient son existence que d'une cause essentiellement variable. Le privilége ne tient pas au nom, mais au cens contributif. Quelques centimes de plus ou de moins peuvent au gré d'un préfet changer l'ordre de succession de mille familles, et mille circonstances qu'il est aussi impossible de prévenir peuvent multiplier ces variations.

Un abus ne marche jamais seul. Tout ce qui vicie abonde. Il faudra, pour perpétuer l'inaliénabilité du domaine privilégié, le soustraire pour jamais à l'action du droit commun, à l'autorité des tribunaux ordinaires, créer une juridiction d'exception, et rétablir les évocations et les concomitances.

Pour en garantir la jouissance ne faudra-t-il pas aussi

---

(1) Partage.

convertir en garennes les champs les plus fertiles ? Le riche propriétaire, plus jaloux de faire sentir sa supériorité que d'augmenter ses revenus, abandonnera à ce qu'il pourra croire un luxe nécessaire ce qui est vraiment utile. Il n'y a que le possesseur d'une petite propriété qui sente le besoin de ne rien laisser d'inutile, qui consacre tout son temps, tous ses moyens à l'amélioration de ses revenus. Je sais qu'il est de grands propriétaires agronomes éclairés et philantropes qui, par des expériences dont seuls ils peuvent sans danger risquer les conséquences, sont à-la-fois les modèles, les guides et les bienfaiteurs des plus modestes cultivateurs : mais, dès que la considération attachée au mérite de leurs soins et de leurs travaux perdra de son prix, ne seront-ils pas tentés de tout sacrifier à l'orgueil d'un préjugé que le nouvel état des choses aura fait naître ?

Verrons-nous aussi revivre les priviléges des chasses; cette ordonnance barbare dont l'existence a si long-temps accusé la mémoire de Henri IV ? Nos lois nouvelles avaient rayé de notre législation criminelle cet acte échappé à la faiblesse, aux passions

Du seul roi dont le peuple ait gardé la mémoire.

Ce projet ne peut soutenir l'épreuve du plus léger examen. L'opinion publique n'a pas attendu, pour le repousser, que la discussion fût ouverte dans les Chambres. Toute la France s'est prononcée contre cette innovation : les bureaux des deux Chambres se couvrent chaque jour de nouvelles pétitions, et les pétitionnaires ne sont pas ceux que le droit d'aînesse frappe d'exhérédation, mais ceux-là même que le nouveau projet favorise ; ce sont les aînés des familles, qui supplient les membres des deux Chambres législatives de maintenir l'égalité des partages ; ce sont les aînés qui repoussent un privilége qui flétrit leurs affections les plus chères, qui rompt les liens les plus doux et les plus sacrés, qui ferait la honte et le tourment de toute leur vie.

Ce serait outrager la religion que d'oser penser qu'elle admet un abus que repoussent la justice, la raison et l'humanité.

Nous n'invoquerons qu'un seul document, qui appartient au temps où ce funeste autant qu'injuste privilége pesait sur une partie de la France.

Moins ancien que celle de Sorbonne, mais au moins son égale en lumière et en considération justement méritée, la faculté de théologie de la maison de Navarre jouissait dans l'Europe chrétienne d'une égale autorité.

Nous nous bornerons à citer une seule de ses décisions, relative à ce sujet, dont l'apparition imprévue alarma tant de familles.

Décision de MM. les docteurs de la maison et société royale de Navarre.

« Le conseil soussigné, qui a pris communication de la lettre ci-jointe, estime que la loi qui, dans les pays de droit écrit, autorise un père à instituer un de ses enfans son héritier, n'approuve point qu'il use de ce pouvoir, lorsqu'aucun de ses enfans ne s'est rendu indigne de sa tendresse.

» L'ordre qui appelle les enfans à la succession de leur père est aussi naturel que celui par lequel ils en ont reçu la vie, parce que les biens temporels étant un accessoire nécessaire de la vie et un bienfait qui en est la suite, l'ordre divin est que les biens deviennent ceux des enfans, lorsque ceux-là ne peuvent plus les posséder. Outre que cette succession est dictée par la tendresse paternelle gravée dans tous les cœurs par le doigt de Dieu, elle est confirmée par la loi divine. (*Nomb.* 27, *v.* 8; *Prov.* 13, *v.* 22.) Or, un père est également le père de ses enfans; enfin, cette liaison entre les pères et les enfans est la première que Dieu a formée entre les hommes, pour les attacher aux devoirs de l'amour mutuel, et les unir entre eux plus fortement qu'avec les autres.

» Les lois romaines, en laissant aux pères la liberté de se choisir même d'autres héritiers que ceux du sang, n'ont pas méconnu cette première règle générale. Elle est confirmée expressément dans plusieurs textes de ces lois, qu'on peut lire dans Domat. (*Lois civiles*, seconde partie, n°. 4, 6, 7 de la préface.) On y lit celui-ci : *Ratio naturalis, quasi lex quædam tacita, liberis parentum hæreditatem addicit, velut ad debitam successionem eos vocando..... ac ne quidem judicio parentis, nisi meritis de causis, summoveri ab eâ successione possunt.* On y en trouve plusieurs autres aussi clairs; et comme l'équité naturelle doit être l'esprit des lois, celles dont il s'agit n'ont pas prétendu autoriser des dispositions déraisonnables qui n'auraient pour principe que la passion ou la fantaisie. Elles ont supposé que celui qui ne choisit pas pour ses héritiers ses enfans également, se détermine par de bonnes considérations particulières et pour de justes causes, quelques-uns s'étant, par exemple, rendus indignes de sa succession. En un mot, la loi romaine, en laissant aux parens la liberté générale et indéfinie de disposer de leur succession par testament, liberté qui était une suite de l'autorité absolue qu'ils exerçaient sur leurs enfans, les a laissés chargés de régler chacun leurs dispositions particulières *comme elle aurait fait elle-même*, si le détail infini des circonstances et des combinaisons d'où dépend la sagesse de ces dispositions ne l'en eût détournée. Elle renferme donc la condition que ces dispositions seront raisonnables, et on ne peut croire qu'elle les approuve toutes indistinctement.

» Mais comme il lui a paru qu'il y aurait eu trop d'inconvéniens d'énoncer cette condition; que les dispositions testamentaires seraient raisonnables, parce qu'une telle réserve aurait mis en question tous les testamens et ceux même les plus dictés par la prudence et l'équité; qu'on serait venu à les examiner par

d'autres vues que celles du testateur, souvent connues de lui seul, et qu'il n'était ni juste, ni possible de régler toutes leurs dispositions particulières, elle a cru devoir laisser à chacun le choix des siennes, et ne pas restreindre la liberté des personnes raisonnables pour les inconvéniens qui pourraient suivre du mauvais usage que d'autres en feraient. C'est en quoi diffère la loi romaine des lois coutumières, sans que, pour cela, on puisse accuser d'injustice les unes ou les autres. Ce sont là, dit Domat, déjà cité, des principes généraux dont tout le monde doit convenir. Or, il s'ensuit clairement « qu'un père qui fait un partage
» notablement inégal de sa succession entre les enfans que la na-
» ture doit lui rendre également chers, et dont aucun ne s'est
» rendu indigne de sa tendresse, en un mot, sans aucune raison
» forte et particulière qui l'oblige d'en agir ainsi, on entend mal
» la loi de son pays, on use indiscrètement du pouvoir qu'elle lui
» laisse, ne suivant que sa passion ou sa fantaisie; et, dans ce
» cas, s'il résulte de son testament des troubles, des inimitiés et
» des scandales dans sa famille, il en est la cause, suivant le
» degré de bonne foi où il a été, y ayant donné lieu par des dis-
» positions imprudentes et déraisonnables.

» Délibéré à Paris, au conseil de la maison royale de Navarre, le 11 juillet 1785.

» *Signés*, PAILLARD, professeur en théologie; GROS, professeur royal en théologie; FLOOD, professeur en théologie. »

13. — Les prétentions du saint-siège sur l'autorité temporelle des gouvernemens politiques ont, dans les siècles qui ont précédé, provoqué de la part de plusieurs parties de l'Europe chrétienne, leur séparation de la cour romaine. Les mêmes prétentions renouvelées de nos jours, n'obtiendront aucun succès. Fille de l'ignorance, la superstition pousse à tous les genres d'excès; les peuples plus éclairés ont plus de piété et moins d'engouement; et il suffit au gouvernement, pour maintenir la paix publique, de repousser des doctrines aussi étrangères aux maximes de la religion, que contraires à la royauté.

Dépêche adressée par S. Exc. le directeur général des affaires du culte catholique, à S. A. C. le prince de Méan, archevêque de Malines.

La Haye, 4 février 1826.

« Monseigneur,

» Le roi, qui a connu, et seulement par les feuilles publiques, les deux lettres, l'une de M. Mazio, sans date, et l'autre du 16 septembre dernier, que V. A. C. a écrite au gouverneur d'Anvers, toutes deux relatives aux arrêtés de S. M., du 14 juin 1825, me charge de vous témoigner son extrême déplaisir du peu d'empressement que vous avez mis à informer le gouvernement du contenu de la première, attendu que si la lettre de

M. Mazio ne vous a pas été adressée directement, vous convenez au moins, Monseigneur, qu'elle vous a été communiquée par une personne qui s'est rendue chez vous à cet effet, et que vous avez jugé à propos de ne pas vouloir nommer.

» S. M. a été d'autant plus étonnée de cette conduite, qu'elle porte avec elle la preuve que V. A. C. a perdu de vue l'obligation que lui impose le serment qu'elle a prêté à son avénement au siége archi-épiscopal de Malines; car la lettre de M. Mazio est un appel direct à la désobéissance et à la résistance aux dispositions de S. M., pour ne pas en dire davantage, puisqu'on ose même y rappeler les événemens de l'année 1787, ce qui cache des vues qui ne sont peut-être pas difficiles à pénétrer. Il est vrai que la lettre ne parle que des représentations que les évêques ont faites, dans ce temps-là, à l'empereur Joseph II; mais tout le monde sait que ces représentations ont été le prélude d'une révolte ouverte contre ce prince, à laquelle le clergé n'a certes pas été étranger. Voilà donc de motifs puissans d'après lesquels vous auriez dû, comme votre serment vous y oblige, faire part de la lettre de M. Mazio au gouvernement.

» Une autre considération qui devait d'autant plus vous engager, Monseigneur, à porter sans délai la lettre dont il s'agit à la connaissance du gouvernement, c'est que cette lettre, écrite par ordre, présente un empiétement formel sur les droits des évêques du royaume, et que, sous ce rapport, elle porte un préjudice notable au bien-être de l'Etat; car, dans la supposition que les arrêtés de S. M., du 14 juin dernier, continssent des dispositions de nature à compromettre les intérêts de notre sainte religion, ce qui pourtant n'est pas, puisque plus d'une fois il a été dit, tant à vous, Monseigneur, qu'aux autres chefs des diocèses, que vous conserviez dans toute son intégralité l'instruction chrétienne, à laquelle seule vous avez droit de prétendre; dans la supposition, dis-je, que les intérêts de la religion fussent vraiment compromis par les arrêtés dont il s'agit, c'était à vous, à vous seul à agir, et nullement à demander ou à attendre des directions ou dispositions du pape.

» Ce sont les évêques qui sont établis par le Saint-Esprit pour gouverner leurs églises: *Posuit vos Spiritus Sanctus episcopos regere ecclesiam Dei* (1). Vous êtes les inquisiteurs nés de la foi dans l'étendue de vos diocèses; vouloir donc y faire intervenir le pape, est un renversement de principes, une aliénation des droits dont vous ne pouvez disposer, et dont le dépôt seulement et l'administration vous sont confiés; un attentat enfin aux libertés de notre église belgique. Certes, nous reconnaissons dans le chef visible de l'Eglise la primauté d'honneur et de juridiction; mais cette éminente prérogative ne lui donne nullement le droit de s'ingérer dans les diocèses de nos évêques. Il ne lui est per-

(1) Act. apost. c. XX, v. 28.

mis d'élever la voix que si ceux-ci étaient assez malheureux pour altérer les dogmes de la religion, la pureté de la foi ; pour rompre l'unité de l'Eglise catholique romaine, dont le pape est le centre, ou pour se rendre enfin coupables d'une négligence marquante dans l'administration spirituelle de leurs diocèses.

» Ce sont là, Monseigneur, les maximes qui tiennent aux constitutions fondamentales du pays, auxquelles on a, de tout temps, été fortement attaché en Belgique, au point que, lorsque les évêques, soit par défaut de connaissance de leurs droits, soit par faiblesse, ont pris leurs recours vers le pape pour des objets desquels il ne lui appartient pas de connaître, le gouvernement les a rappelés à l'ordre. Vous en avez la preuve dans les archives de votre archevêché. Veuillez vous faire produire les actes de 1767 ; vous y verrez combien la conduite d'un de vos prédécesseurs a été désapprouvée, pour s'être adressé au saint-père dans une affaire qui n'était pas de son ressort. Il s'agissait cependant d'un point très-délicat, relatif au mariage du marquis de Chasteler avec la veuve Geelvinck, d'Amsterdam. Le gouvernement a non-seulement, comme je viens de le dire, blâmé la conduite de l'archevêque, mais il lui a ordonné de considérer la déclaration émanée de Rome, quoique conforme pourtant aux bons principes, comme non avenue, avec défense d'en faire usage, à peine que l'affaire serait mise entre les mains de l'office fiscal, pour être agi à charge de qui il appartient. Vous trouverez même, parmi ces actes, une dépêche sous la date du 29 août 1767, adressée, par ordre exprès de l'impératrice Marie-Thérèse, datée de Vienne, du 12 du même mois, à l'archevêque, pour lui marquer le mécontentement de cette princesse, sur la conduite qu'il avait tenue, avec recommandation d'être plus circonspect à l'avenir.

» Le roi, fort de ces principes, fort de ces antécédens, et irrévocablement résolu de maintenir les droits des évêques de son royaume contre et envers tous, d'autant que notre loi fondamentale même lui en fait un devoir, m'a ordonné de vous recommander, Monseigneur, de la manière la plus forte et la plus positive, qu'au cas qu'il vous fût adressé, soit de la part de M. Mazio, soit de la part de quelque ministre ou agent pontifical, un rescrit, disposition, résolution ou lettre, relatif aux arrêtés de S. M. du 14 juin dernier, non-seulement vous n'y donniez ni publicité, ni exécution, si vous ne voulez vous exposer aux suites les plus sérieuses (d'autant que pareilles pièces devraient, au préalable, être soumises au *placet* du souverain), mais que vous les remettiez sans délai au gouvernement.

» Quant à la lettre, sous la date du 16 septembre dernier, que V. A. C. a écrite à M. le gouverneur d'Anvers, je ne m'arrêterai pas à l'analyser, ni à combattre les principes singuliers, erronés, inouïs, et inconnus dans les annales ecclésiastiques de la Belgique, qu'elle contient. S. M. se plaît à croire que dans l'idée dans laquelle vous étiez indubitablement, votre lettre ne devait être connue que du gouverneur d'Anvers seul, vous vous serez, dans un moment de sensibilité extraordinaire, livré, avec une espèce d'abandon et de liberté, à des doléances que, dans d'autres momens, vous auriez proposées avec plus de ménagement, et que sûrement vous n'auriez pas porté l'oubli des convenances et du respect que vous devez à votre souverain, jusqu'à taxer ses arrêtés de destructeurs de la religion catholique romaine, jusqu'à lui reprocher de manquer aux déclarations et aux promesses que S. M. a faites à ses sujets catholiques romains, et jusqu'à vouloir remplacer ainsi, s'il était possible, dans leur cœur, l'amour qu'ils lui portent, par des sentimens de défiance et par des inquiétudes.

» Quoi qu'il en soit, puisque la pièce est devenue publique, le roi m'a chargé, Monseigneur, de vous en témoigner également son déplaisir, d'autant qu'il semble résulter des informations prises et d'un concours remarquable de circonstances, que cette publicité part du château de Xhos, dans lequel V. A. C. a écrit cette lettre. Au moins son contenu était connu à Malines avant qu'elle ne fût mise entre les mains du gouverneur d'Anvers, et on a appris que c'est de Malines qu'elle a été envoyée au rédacteur de l'*Étoile* à Paris; ce qui prouve, Monseigneur, que vous êtes entouré de gens qui abusent de votre confiance, qui vous exposent à des désagrémens, et que vous feriez par conséquent très-bien d'éloigner de votre personne.

» Au reste, je ne dois pas dissimuler à V. A. C. que le roi a chargé le ministre de la justice de faire faire les recherches nécessaires pour parvenir à connaître les personnes par le fait desquelles la publication de la lettre dont il s'agit a eu lieu.

» *Le directeur-général des affaires du culte catholique,*
Signé, GOUBAU.

14. — Le 4 novembre dernier, on jouait, à l'un des théâtres des boulevards, à l'occasion de la fête du Roi, une pièce intitulée : *les Deux Fêtes pour Une.* Un des personnages de la pièce arrive en se frottant les mains, et, s'adressant à ceux qui l'entourent : « Mes amis, leur dit-il, félicitez-moi ; je viens d'obtenir ma pension ! »

« Parbleu, s'écrie aussitôt un spectateur, vous êtes plus heureux que moi ; depuis deux ans je sollicite la mienne et ne puis pas l'obtenir. »

L'interlocuteur impromptu, qui ne craignait pas d'opposer ainsi aux riantes illusions de la scène une triste réalité, se nomme Gommier, ancien lieutenant au 33ᵉ de ligne, et maintenant serrurier-mécanicien.

Prévenu de trouble dans un spectacle et de cris injurieux, il a comparu aujourd'hui devant le tribunal de police municipale. Défendu par Mᵉ Floriot, il a été acquitté.

Cour Royale. — La première chambre de cette cour s'est occupée aujourd'hui de l'affaire de M. Labille, juge suppléant à Bar-sur-Seine, prévenu d'avoir, le 9 juin dernier, troublé la procession du saint-sacrement dans la commune d'Arsonval, et condamné correctionnellement par le tribunal de Bar-sur-Aube. Sur l'appel de ce jugement, le tribunal de Troyes s'est déclaré incompétent, attendu que le prévenu est un juge, et l'affaire a été en conséquence portée devant la cour royale de Paris.

M. Labille, interrogé par M. le président, a ainsi exposé les faits :

Le 9 juin dernier, à sept heures du soir, j'étais dans ma voiture près du village d'Arsonval. A l'entrée de ce village, sur la route, et de côté, il y avait un reposoir. Je dirigeai mon cheval sur la partie de la route qu'on avait laissée libre. Les draps que l'on avait tendus et le soleil couchant, que j'avais en face, m'empêchaient de voir la procession qui était derrière le reposoir; mais quand je fus derrière ce reposoir, M. Mutinot, maire de la commune, court à moi, et, d'un ton impérieux, m'ordonne de m'arrêter et de me découvrir. J'observe à M. le maire que je suis sur la grande route; que l'on ne peut solenniser légalement la Fête-Dieu que le dimanche, et je lui déclare que je n'obéirai pas à ses ordres. — Vous êtes un polisson, s'écrie alors M. le maire. — Ce ne sont pas là les propos que doit tenir un fonctionnaire public, lui répondis-je.

Le maire ordonne à des hommes armés de m'arrêter. On se jette en effet à la bride de mon cheval, et l'on me conduit dans une auberge, où je suis gardé à vue. Le maire est la seule personne de la procession que j'aie vue. Voilà les faits.

Un assez grand nombre de témoins sont entendus.

M. Mutinot, maire, appelé le premier, déclare que la procession n'ayant pu avoir lieu le dimanche, à cause du mauvais temps, fut renvoyée au jeudi suivant, après les travaux de la campagne; qu'un reposoir fut élevé sur la grande route, de manière cependant à laisser le passage libre aux voyageurs; que pendant la marche de la procession il vit venir une voiture découverte; que M. Labille, loin de retenir son cheval, le fouettait très-vivement, et que lorsqu'il fut près du reposoir, il le regarda avec un air de dérision.

Je lui dis alors, continue M. le maire : « Voulez-vous bien arrêter et vous découvrir? » Il m'a répondu : « Non, je m'en f.... » Cela m'a irrité; je l'ai fait arrêter de force. M. le maire, s'écriait-il, vous n'avez pas le droit de m'arrêter; je connais les lois. Aujourd'hui, c'est un jour de travail; ce n'est pas un jour de procession. Vous auriez mieux fait de laisser les habitans à leurs travaux. » La procession fut troublée; les chants cessèrent. Je fis conduire cet homme dans une auberge. Il me dit, en s'en allant et en ôtant sa casquette : « Au plaisir de vous revoir, » avec un air de dérision. Je lui fis observer qu'il se comportait mal ; qu'il donnait un mauvais exemple. Il me répondit qu'il n'avait pas besoin de mes remontrances, et m'a envoyé me faire f.....

M. Dassecourt, neveu du curé, officier supérieur en retraite, dépose qu'il lui a semblé qu'en passant M. Labille avait jeté un regard peu révérencieux sur la procession.

M. le président. — En quoi consistait ce regard peu révérencieux ?

Le témoin ne peut répondre d'une manière précise.

M. le premier président demande au prévenu pourquoi il n'a pas ôté sa casquette à l'approche de la procession ?

Le prévenu répond qu'il avait chaud et qu'il était sur la grande route.

M. le président. — On vous a maltraité ?

M. Labille. — Je n'ai pas cru devoir entretenir la Cour de ces faits. On m'a arrêté ; on m'a en effet déshabillé ; un des hommes chargés de m'arrêter a levé le sabre sur moi ; un autre m'a donné un coup de canon de fusil sur la tête. Mais ce n'est pas là le fait de la cause ; il s'agit seulement de savoir si j'ai commis un délit.

Le sieur Chamois, vigneron et chantre de la paroisse, dit qu'il a vu le prévenu ayant une casquette sur la tête le jour de l'octave de la Fête-Dieu, devant la procession, et qu'il avait refusé de l'ôter. Cette cause, ajoute-t-il, fit un grand scandale, un grand bruit, et nous interrompit dans le chant.

M. de Broë, avocat-général, soutient qu'en supposant même que la procession fût *arbitraire*, il n'en résulterait pas qu'on pût manquer à ce que l'on doit au culte, et insulter le saint-sacrement. Il invoque à l'appui de l'accusation l'article 261 du Code pénal.

M. l'avocat-général conclut à l'application de cet article.

M. Labille, âgé de cinquante-sept ans, se défend lui-même. Je n'ai pas eu, dit-il, l'intention de manquer de respect à la procession. Dieu seul connaît ma pensée ; mes actions seules sont du ressort de la justice humaine.

On prétend qu'il y a eu du trouble ; il n'était pas dans mon intention de l'occasioner ; je ne savais pas ce qui se passait.

Toute ma vie j'ai été attaché aux lois, je les ai invoquées, et j'ai pu le faire sans me rendre coupable. Or, il n'existe aucune loi qui force un citoyen à assister à une cérémonie religieuse ; c'est cependant ce qu'a fait M. le maire....

Il avait conclu qu'il n'y avait pas eu de délit.

» Attendu qu'aux termes de la loi du 28 messidor an 12, les particuliers ne sont nullement tenus à rendre aucun honneur au saint-sacrement ;

» Attendu que l'article 88 de la loi de 1806 n'enjoint de rester découvert qu'à ceux qui assistent aux audiences, etc.

La Cour, après une courte délibération, attendu qu'il est

judiciairement prouvé que le sieur Labille a volontairement troublé la procession; vu l'article 261 du Code pénal, le condamne à huit jours de prison et 50 f. d'amende.

15. — Jubilé. — *Notice Historique.* — Cette solennité périodique chez les chrétiens, est une imitation de l'ancien culte israélite. Son étymologie est empruntée de la langue hébraïque. Les Juifs la célébraient après la révolution de sept semaines d'années, ou de quarante-neuf ans consécutifs; la cinquantième année était consacrée à un repos absolu. Les terres n'étaient ni cultivées, ni ensemencées; tous les esclaves étaient mis en liberté, toutes les dettes remises (sans doute entre juifs exclusivement), tous les contrats de vente résiliés, les vendeurs rentraient de plein droit dans leurs propriétés dont l'aliénation n'était jamais stipulée que pour l'intervalle d'un jubilé à un autre.

Les Juifs ont pratiqué exactement cette grande fête jusqu'à leur captivité en Babylone; mais ils ne l'observèrent plus après leur retour à Jérusalem : c'est là du moins l'opinion de la plupart de leurs chronologistes. Cependant le rabbin Moïse, fils de Mamon, atteste dans son abrégé du Talmud, que les Juifs ont toujours continué de compter leurs jubilés, mais seulement comme règle chronologique.

Le pape Boniface VIII institua le jubilé des chrétiens en 1300, et en fixa l'époque à la fin de chaque siècle. Clément VI, réduisit ce terme à cinquante ans; Urbain VI à trente-cinq; enfin Sixte-Quint la fixa à vingt-cinq. Cette époque du jubilé périodique n'a point changé depuis, mais les papes ont presque tous adopté l'usage d'en publier un à leur avènement au trône pontical, et dans les circonstances extraordinaires.

L'année du jubilé périodique est appelée sainte; on donne aussi ce nom à quatre portes de plusieurs églises de Rome, qui ne s'ouvrent qu'à cette époque avec des cérémonies extraordinaires.

Le pape se rend en grand cortége à l'une des portes de la basilique de Saint-Pierre, qui reste murée d'un jubilé à l'autre. Il frappe avec un marteau d'or trois coups, en disant : *Aperite mihi portas justitiæ,* etc., tandis qu'on abat la maçonnerie qui bouche cette porte.

Le pape se met ensuite à genoux pendant que les pénitenciers lavent la porte avec de l'eau bénite; puis se levant en prenant la croix, il entonne le *Te Deum* et entre dans l'église à la tête du clergé.

La même cérémonie se répète aux églises de Saint-Jean-de-Latran, Saint-Paul et Sainte-Marie-Majeure, qui ont chacune une porte murée.

L'année sainte expirée, le pape donne sa bénédiction au peuple, et se rend avec le même cérémonial que pour l'ouverture, devant chacune des quatre églises dont on vient de parler. Il bénit le marteau et les pierres qui doivent servir à murer les portes désignées, on y enferme des cassettes remplies de médailles d'or et d'argent.

Le jubilé ouvre à Noël et se ferme la veille de la même fête de l'année suivante. En France, du moins depuis le premier jubilé de ce siècle, sa durée n'était que de quelques mois.

La bulle de publication impose aux fidèles qui désirent *gagner le jubilé*, des jeûnes, des prières, des aumônes et la visite des églises où sont établies les stations. Elle confère aux prêtres la faculté d'absoudre des cas réservés même de ceux contenus dans la bulle in cœnâ Domini, et de faire des commutations de vœux etc. C'est ce qui distingue les grâces du jubilé des indulgences plénières; ces indulgences sont même suspendues pendant sa durée. Quelques jubilés ont été remarquables en France par des événemens sinistres. Qu'il me suffise de rappeler ceux des années 1634 et 1676.

Des processions générales avaient été ordonnées pour le jubilé. Trois paroisses se disputant l'honneur du pas, se rencontrèrent près du Pont-Rouge, à peine achevé; la foule s'y précipite, se presse; les balustrades, ou garde-fous, se brisent; plusieurs personnes tombent dans le fleuve; d'autres croyant que le pont s'écroulait, s'y précipitèrent spontanément; vingt périrent dans les flots, quarante furent grièvement blessés. Une telle calamité n'eût pas eu lieu sans doute, si dans une circonstance aussi grave, ces malheureux moins orgueilleux que prudens n'eussent pas oublié que l'humilité est une des premières vertus chrétiennes.

Le jubilé de 1676 fut marqué par un redoublement de persécutions contre les protestans; on entreprit de les convertir par des moyens que désavouaient l'humanité, la raison et les maximes de la primitive Eglise. Le roi Louis XIV et madame de Montespan sa maîtresse, se séparèrent pour gagner le jubilé. Mais dès que la solennité sainte fut terminée, ils se rapprochèrent et continuèrent de donner à la cour le spectacle d'un double adultère; et les édits contre les protestans se multiplièrent avec une activité toujours plus rigoureuse et plus intolérante; ces rigueurs ne se ralentirent que sous le règne de Louis XVI.

Dans la cérémonie de l'ouverture du jubilé à Rome, l'église de Sainte-Marie au-delà du Tibre a pour la seconde fois été substituée à celle de Saint-Paul sur le chemin d'Ostie, comme quatrième basilique; déjà ce changement avait eu lieu sous le pontificat d'Urbain VIII; l'insalubrité de l'air augmentée par le concours des fidèles, avait converti ce saint lieu en foyer pestilentiel; on ne pouvait le visiter sans danger. Cette église fut incendiée il y a deux ans, et en la remplaçant pour le jubilé actuel par celle de Sainte-Marie, le pape annonce dans sa bulle, que son intention est de faire reconstruire cette ancienne basilique; ce n'est pas sans doute pour la rendre à son ancienne destination : assez de fidèles ont péri victimes de l'air contagieux qu'on respire dans cette partie des environs de Rome.

Le style de la Proto-Daterie n'a point changé depuis Grégoire VII, et la bulle relative au jubilé actuel proclame les mêmes doctrines en faveur de la puissance temporelle des papes.

Les réserves faites par l'ordonnance du Roi, du 20 janvier dernier, sur l'avis du conseil-d'Etat, prouvent du moins que l'Eglise de France maintient ses immunités, et les réserves n'ont pas été annulées par la publication de la bulle, puisque cette autorisation est conditionnelle, et non pure et simple.

La cérémonie de cette publication a eu lieu à Paris, dans l'église métropolitaine, aujourd'hui, avec la plus grande solennité ; tout le clergé catholique de la capitale y était réuni ; les reliques déposées dans la chapelle de l'archevêché, ont été portées processionnellement dans l'église métropolitaine ; la bulle était placée au milieu du cortége, sur un coussin de velours ; le nonce assistait à cette cérémonie ; la bulle a été proclamée par l'archevêque de Paris.

Le jubilé sera de six mois ; ouvert le 15 février, il sera fermé le 15 août.

Un mandement de l'archevêque indique les stations, les prières, les cérémonies et toutes les formalités que devront observer les fidèles, pour obtenir les indulgences attachées à cette grande solennité.

La première procession générale aura lieu le 17 mars.

On a remarqué que les cours de justice, les tribunaux, n'ont pas assisté en corps à la cérémonie de l'ouverture du jubilé, à laquelle ont assisté les princes et les princesses de la famille royale.

15. — COURS DES PAIRS. — La cour s'est réunie aujourd'hui en vertu de l'ordonnance du roi du 21 décembre dernier.

Après la lecture de cette ordonnance, le procureur-général a été introduit ; et sur son réquisitoire, la cour a rendu l'arrêt suivant :

» Attendu qu'avant de passer outre à aucun acte de la juridiction, il doit, par la cour des pairs, être statué sur sa compétence ;

» Attendu que les faits articulés dans la plainte portée par le procureur du roi près le tribunal du département de la Seine, et qui ont donné lieu à la poursuite, ne constituent ni le crime de haute trahison, ni l'attentat contre la sûreté de l'état, dont la connaissance est attribuée à la cour des pairs par l'article 33 de la Charte constitutionnelle ;

» Que dans l'état de la cause, la cour ne pourrait être compétente, aux termes de l'article 34 de la Charte ; que si un ou plusieurs pairs de France avaient participé à quelques uns des faits articulés dans la plainte ;

» Qu'aucun pair de France n'est inculpé, ni même dénommé dans ladite plainte ;

» Que néanmoins la cour est saisie par une ordonnance du roi ;

» Qu'il devient dès-lors indispensable, avant de prononcer sur la compétence, d'examiner la procédure instruite, tant devant les premiers juges, que devant la cour royale des pairs ;

» Que ce n'est qu'après cet examen que la cour des pairs pourra reconnaître s'il existe en effet, contre des pairs de France, des indices suffisans pour qu'il y ait lieu, par elle, d'ordonner que l'instruction sera continuée ;

» Qu'il n'est pas moins nécessaire, pour qu'elle statue en toute connaissance de cause, de recueillir, dès à présent, tous les documens et déclarations qui pourront l'éclairer sur sa compétence ;

La cour donne acte au procureur-général du roi de son réquisitoire ;

» Ordonne que par M. le chancelier de France, président de la cour, et par celle de MM. les pairs qu'il lui plaira de commettre pour l'assister et pour le remplacer, s'il y a lieu, en cas d'empêchement, il sera procédé à l'examen de la procédure instruite contre les dénommés, en la plainte du procureur du roi près le tribunal du département de la Seine ; comme aussi à la recherche de tous documens, à l'audition de tels témoins qui leur paraîtraient nécessaires pour l'entier éclaircissement des faits ou déclarations qui pourraient se rapporter à des pairs de France ; pour, ledit examen, en ladite instruction supplémentaire, terminé, être sur le tout fait rapport à la cour, et être par elle statué, le procureur-général du roi entendu, ainsi qu'il appartiendra, tant sur la compétence qu'au fond, s'il y a lieu. »

M. le chancelier a commis, en exécution de cet arrêt, pour l'assister et le suppléer au besoin dans l'instruction, MM. le marquis de Pastoret et le comte Portalis.

Nos lecteurs se rappellent sans doute d'une commission spéciale qui avait été chargée par le roi de l'examen des marchés Ouvrard ; que cette commission avait reconnu et constaté que les marchés n'avaient pas été nécessaires, et qu'il y avait eu malversation ; que l'affaire avait été portée à la cour royale par M. le procureur général Bellart, et que cette cour s'était déclarée incompétente, attendu que quelques personnages inculpés se trouvaient hors de sa juridiction.

La cause avait été dévolue à la cour des pairs par une ordonnance du roi. La chambre s'était en conséquence constituée en cour de justice, et elle a rendu l'arrêt que nous venons de rapporter.

15. — ACADÉMIE DES SCIENCES. — Dans la séance d'avant-

hier, 13 du courant, M. Charles Dupin a fait hommage à l'Académie de son *Cours normal de géométrie appliquée aux arts, et de son tableau des arts et métiers et des beaux-arts.*

Le savant professeur a exposé ensuite les résultats obtenus dans la propagation de cet enseignement.

Au 1er. janvier dernier, le cours de géométrie et de mécanique appliquée aux arts, était en activité dans vingt-un ports de mer et dans huit villes de l'intérieur.

Dans le même mois de janvier, le même cours a commencé dans huit autres ports de mer et dans sept villes de l'intérieur. Déjà six mille artistes de toutes professions suivent le nouvel enseignement, qui sera établi dans quatre-vingts villes au mois d'avril prochain.

Ainsi, la France, qui naguère se trouvait en arrière de l'Angleterre et de l'Ecosse, sous le point de vue de l'instruction scientifique industrielle, aura pris l'avance et ne pourra sans doute plus être dépassée dans cette carrière.

— On s'est souvent plaint avec raison, et toujours inutilement, de l'usage de laisser aux soldats isolés et hors du service leurs armes. L'*Echo du Nord* raconte un nouvel accident que plusieurs lettres particulières ont confirmé. Le 11 de ce mois, à onze heures du soir, trois dragons de la garnison arrêtèrent dans la rue même une femme dont les cris attirèrent un officier, qui, instruit par elle du sujet de sa frayeur, ordonna aux militaires de le suivre; ils refusèrent; l'officier écartant le manteau qui le couvrait, se fit connaître, et son autorité fut méconnue; il courut au poste voisin pour avoir main-forte.

Dans cet intervalle, un citoyen qui passait fut assailli par les dragons, et frappé impitoyablement jusque dans l'hôtel du Nouveau-Monde, où il se réfugia. Les dragons, qui avaient un instant abandonné leur victime, revinrent à l'hôtel avec un redoublement de fureur; ils tentèrent de forcer l'entrée à coups de sabre; un coup dirigé sur la maîtresse de la maison vint frapper le malheureux objet de leur fureur; le danger était imminent, quand l'officier dont ils avaient méconnu les ordres arriva avec la garde; mais les dragons avaient déjà pris la fuite à son aspect, après avoir brisé la lanterne qui était au-dessus de la porte d'entrée de l'hôtel.

La proximité de la frontière n'aura-t-elle pas favorisé la désertion des coupables? La ville est fermée, mais n'ont-ils pas pu s'y cacher jusqu'au moment opportun pour leur évasion? la garde nationale de cette ville serait-elle aussi frappée d'inactivité comme dans beaucoup d'autres?

17. — Il existe depuis plus de vingt ans dans toutes les principales villes de France, de ces réunions particulières, sous le nom de *cercles*; ces réunions se composent de citoyens connus

aisés, qui louent en commun une ou plusieurs salles où ils se rendent sans autre motif que celui d'y lire les journaux, conférer de leurs affaires, et jouer ce qu'on appelle des jeux de commerce ou de société.

Ces sortes d'établissemens se sont multipliés dans les villes de commerce; les négocians étrangers y sont admis sous les auspices de leurs correspondans membres de ces réunions, qui n'ont jamais inspiré aux autorités locales le moindre sujet d'inquiétude, ni provoqué de leur part le plus léger acte de sévérité.

Il n'est pas rare même que des fonctionnaires en fassent partie. Le changement heureux qui s'est opéré dans nos mœurs, nos habitudes, nos intérês, ont rendu ces établissemens nécessaires. Les membres offrent d'ailleurs par leurs relations sociales, leur fortune et leur éducation, une garantie suffisante de leur respect pour les lois et l'ordre public.

Le Paris d'aujourd'hui diffère en tout point du Paris d'autrefois. Ce n'était jadis qu'une ville de consommation; peu de fabriques, un commerce local, presque sans relations extérieures du moins en exportations; aujourd'hui c'est une des plus grandes cités manufacturières de l'Europe, l'entrepôt général de tous les produits de l'industrie française, et le centre de ces grandes opérations de banque inconnues à nos yeux.

Plusieurs cercles se sont établis dans la capitale. Celui de la rue de Grammont avait été interdit par ordre supérieur; il est cependant encore ouvert, mais l'ordre de clôture n'a pas été révoqué.

On fait beaucoup de conjectures sur ce coup d'état ministériel. On y a, dit-on, parlé du droit d'aînesse, mais où n'en parle-t-on pas? toutes les familles honnêtes, et c'est le plus grand nombre, sont alarmées sur leurs plus chers intérêts et dans leurs plus chères affections. De toutes les parties de la France, des pétitions contre le nouveau projet de loi sont adressées aux deux chambres législatives; c'est le sujet de toutes les conversations. On a pu sans crime s'en entretenir dans la rue de Grammont comme partout ailleurs.

On a prétendu, d'autre part, que cet établissement nuisait aux maisons dont la ferme des jeux exploite le monopole; les citoyens honnêtes seraient-ils forcés de se rendre tributaires de cette entreprise, dont l'existence est un scandale et une calomnie publique?

Les hommes qui se respectent, et pour qui un jeu modéré et franc peut être un délassement, doivent-ils être forcés d'y renoncer? Ne pourra-t-on plus jouer en France que dans ces lieux ouverts à tous les genres de corruptions et de crimes, et qu'on ne pourra jamais réhabiliter dans l'opinion qui les a proscrits, qu'on a vainement prétendu légitimer en affectant à des établissemens religieux ou de bienfaisance, une partie du prix de ce honteux fermage? C'est dépouiller les lois de toute leur dignité, c'est en prostituer le sacré caractère, que de placer sous leur protection ces infâmes repaires, dont la religion, l'humanité, la justice, la sûreté et l'honneur des familles, réclament hautement la suppression.

L'établissement du cercle de Grammont et de tous ceux de ce genre, ne pouvait porter aucun préjudice à la ferme des jeux, qui ne peut avoir pour contribuables que des dupes ou des fripons.

Prétendrait-on, pour justifier la clôture si imprévue du Cercle de la rue de Grammont, que l'on comptait parmi ses habitués des fonctionnaires publics du premier rang? craindrait-on la perte de quelques voix en faveur de la résurrection du droit d'aînesse, qui sans doute ne ressuscitera pas? l'ordre de clôture de ce Cercle restera vraisemblablement sans exécution.

17. — Tout le terrain du passage Faydeau est vendu; les marchands qui y sont établis doivent recevoir congé pour le 1er. octobre. Le bail du théâtre a encore dix ans de durée.

On parle beaucoup de la construction d'un nouveau théâtre en face de la Bourse, qui, sous le titre de Théâtre de la *Nouveauté*, serait exploité par M. Bérard, ex-directeur du *Vaudeville*.

Le bruit s'est répandu de l'exécution d'une autre salle de spectacle dans le quartier de la cité, dont le privilége serait accordé à M. Gilbert Pixérécourt. Il paraît que ce projet ne se réalisera pas; mais il est certain qu'on doit ouvrir une nouvelle rue de communication, entre celle de Rivoli et de Saint-Honoré, en face du marché des Jacobins. Les travaux sont déjà avancés. Elle sera coupée transversalement par une rue nouvelle qui aboutira à la rue de Castiglione, dans la direction de celle de Mont-Thabor.

M. le duc d'Orléans va faire exécuter le projet, si souvent ajourné, de la galerie qui doit remplacer les galeries de bois, appelées dans l'origine Camp des Tartares. On assure qu'il n'y aura qu'une seule galerie, dans le genre de celle du Passage-Vivienne. Toutes les boutiques seront uniformément décorées; et chacune aura un logement pratiqué dans l'entresol. Une terrasse élégamment ornée régnera sur toute sa longueur.

Des boutiques provisoires seraient établies dans le jardin, sur deux lignes parallèles, pour recevoir les marchands, en attendant l'entière construction de la nouvelle galerie.

Les travaux seraient ouverts au printemps de 1827; et pour en accélérer l'achèvement, les matériaux seraient préparés dans le cours de cette année actuelle.

La lettre suivante a été adressée au *Constitutionnel*.

Paris, 16 février 1826.

Monsieur,

Frappé d'une suspension provisoire, pour avoir maintenu

dans ma classe les droits de mon autorité, contre une mesure inusitée que n'aurait point délibéré le conseil royal de l'instruction publique, je suis le septième professeur du collége Louis-le-Grand qui, dans l'espace de deux années, ait cessé ses fonctions.

Arrêté brusquement dans ma carrière, privé de traitement par une extension arbitraire des réglemens, menacé même d'une destitution, je n'ai plus d'espoir que dans les lois universitaires dont je réclame l'observation rigoureuse.

D'autre part, un souvenir extrêmement douloureux m'inspire dans ma conduite : il y a cinq ans qu'un professeur de mathématiques du même collége a succombé au chagrin de se voir atteint par une mesure illégale, et l'université, je le dis hautement, coupable de laisser un pouvoir sans bornes aux proviseurs de ce collége, a perdu un de ses plus zélés professeurs : ce professeur était mon père.

Blessé si vivement, il faut que j'aie encore à déplorer, dans les conséquences d'un nouvel acte illégal, le triste avenir de mes enfans ; j'avais du moins lieu d'espérer que le conseil de l'instruction publique se maintiendrait à mon égard dans la nécessité honorable de se conformer au décret du 15 novembre 1811, concernant le régime, la discipline et la juridiction de l'université; mais telle ne paraît pas être son intention.

Dénoncé au conseil académique, je ne tardai pas à subir un interrogatoire devant la section de discipline ; jusque-là, du moins, les formes avaient été observées ; mais le procès-verbal, rédigé après coup, se trouva plein d'irrégularités, et la nature des omissions prouvait qu'elles ne provenaient pas du défaut de mémoire ; c'est alors que je refusai de reconnaître, de signer une pareille pièce.

De plus, ne voulant pas laisser sans rectification un procès-verbal d'après lequel on pouvait me juger, sachant bien ce que j'avais répondu ; voulant savoir ce qu'on m'avait fait répondre, sentant d'ailleurs la nécessité de rédiger avec sagesse, et dans ce but, avec lenteur, un mémoire pour ma défense, je réclamai l'observation textuelle de l'article 102 du décret précité, d'après lequel on est tenu *de délivrer copie des procès-verbaux, mémoires et pièces, à la partie intéressée, qui doit y fournir réponse dans dans la huitaine.*

L'article 102 est formel: il faut délivrer la copie demandée, a-t-on écrit sur-le-champ. *Cette communication ne doit souffrir aucune difficulté,* a décidé le conseil académique ; *le prévenu doit être entendu dans sa défense avant que l'autorité compétente statue sur ce qui le concerne.*

Comment se fait-il donc qu'après de tels précédens, le conseil royal ait résolu, comme il vient de le faire, de ne m'accorder, ni la copie, ni les huit jours voulus par l'article 102?

Forcé une seconde fois d'avoir recours à la publicité, je déclare protester contre cette violation manifeste des lois universitaires, et contre tout jugement qui pourrait la suivre.

Agréez, etc.

GUILLARD, professeur aggrégé de mathématiques au collége royal de Louis-le-Grand.

COUR ROYALE DE PARIS. — La Cour royale, Chambre des appels de police correctionnelle, présidée par M. de Sèze, s'est occupée ce matin de la solution d'une question de librairie de la plus haute importance.

M. Achille Jourdan, exerçant la profession de libraire sans brevet légal, avait été traduit en police correctionnelle pour contravention, 1°. à la loi de 1814, qui impose l'obligation préalable d'un brevet à tout libraire; 2°. à l'arrêté de 1723, qui établissait la même prohibition sous peine de 500 livres d'amende.

Restait la grave question de savoir si cette peine de 500 livres, qui n'a point été prononcée par la loi de 1814, est encore applicable de nos jours, nonobstant la loi de 1791, qui proclame le libre exercice de toutes les professions, et qui paraît, par cette disposition, avoir abrogé le réglement de 1723.

La septième Chambre de police correctionnelle avait jugé la négative sur la plaidoirie de M°. Chaix-d'Est-Ange.

Le ministère public ayant relevé appel de cette décision, M. l'avocat général Ferrière a soutenu devant la Cour que le réglement de 1723, suspendu depuis la loi de 1791, avait repris force et vigueur par la loi de 1814; que cette loi étant muette sur la peine à appliquer, il fallait, pour son exécution et pour sa sanction, recourir à l'article 4 de l'arrêté de 1723, qui prononce la peine de 500 livres d'amende.

M°. Chaix-d'Est-Ange, avec son talent ordinaire, a combattu ce système.

Après une heure de délibération, la Cour, adoptant les motifs des premiers juges, a confirmé leur décision.

18. — *Nécrologie.* Une révolution dont la réformation des abus et l'abolition des priviléges étaient la cause et l'égalité devant la loi le but, ne pouvait s'opérer sans irritation et sans secousses violentes. Les nobles occupaient toutes les places d'officiers dans les régimens, et leur départ paraissait devoir laisser la France sans armée. Au premier signal du danger, l'élite de la jeunesse française prit spontanément les armes, et suppléant à l'inexpérience par le plus courageux dévouement, leurs premiers combats furent des victoires; et les vieilles bandes de Frédéric reculèrent dans les plaines de Champagne devant ces jeunes soldats qu'elles croyaient vaincre sans danger et presque sans gloire. C'est de ces premiers bataillons de volontaires que sont sortis ces généraux qui depuis ont étonné l'Europe par leurs talens et leurs succès.

Les amis de la gloire nationale, ont encore à déplorer aujourd'hui la mort du général Frère, qui fit ses premières armes dans le 2e. bataillon des volontaires de l'Aude, qu'il mérita l'honneur de commander; il avait d'abord servi dans tous les grades inférieurs. Né à Montreuil (Aude) en 1764, il était entré dans les volontaires de ce département en 1791; il fit successivement les campagnes des Pyrénées en Italie; devenu chef de la 4e demi-brigade, il passa à l'armée de l'ouest, de là en Hollande, et à l'armée du Rhin, d'où il fut rappelé pour prendre le commandement des grenadiers de la garde consulaire.

Nommé général de brigade, il commanda dans le corps d'armée qui s'empara du Hanovre en 1803; il combattit successivement en Autriche, en Prusse, en Pologne, depuis 1803 jusqu'en 1807; il contribua à la prise de Lubeck; il défendit dans la campagne de Pologne le poste important de Spanden, dont les Russes tentèrent en vain sept fois l'assaut; il reçut en 1808 les titres de comte de l'empire et de général de division.

Dans la campagne d'Espagne, il emporta Ségovie d'assaut; il prit part au siège de Sarragosse, en qualité de chef d'état-major du maréchal Lannes, avec lequel il retourna en Autriche, où la guerre s'était rallumée; il y fut grièvement blessé à la bataille de Wagram. De retour en Espagne, il y resta jusqu'en 1813; il fut alors appelé au commandement de la 15e division militaire à Rennes et ensuite de la 16e à Lille.

Depuis le retour du Roi, il a vécu dans la retraite. L'heureux repos dont il jouissait fut cruellement troublé par la mort prématurée de son fils, unique héritier de son nom. Ce funeste événement altéra sa santé, et fut la cause de sa mort. Il laisse une fille et un gendre inconsolables de sa perte. Mais sa mémoire vivra dans le souvenir de ses compagnons d'armes. Son nom se rattache aux plus brillantes époques de notre gloire militaire. Il est mort à Paris dans son hôtel, rue Saint Honoré, n° 371, ses obsèques auront lieu lundi 20.

— Créée par la révolution, l'armée française n'en ouvrit pas moins ses rangs aux anciens officiers qui avaient servi avant 1789.

Rentré dans sa patrie après le 18 brumaire an VIII, M. de Jumilhac s'était retiré à la campagne : il quitta sa retraite en 1808. Nommé major général de la légion portugaise au service de France; en 1811, chef d'état-major du 3e corps de cavalerie, il fit en cette qualité la dernière campagne de Russie, et reçut à Moscou la décoration de la Légion d'honneur.

Commandant de la 16e division militaire à Lille, il fut appelé dix fois à présider le collège électoral du département du Nord. Il est mort à Lille le 19 février.

— Joseph Clément Poulain-Grandprey, né à Bulqueville, près de Mirecourt, le 23 décembre 1744, vient de mourir à Graux, près de Neufchateau (Vosges) le 6 courant. Entré très-jeune au barreau, il fut nommé prévôt de Bulqueville, et ensuite élu député à la convention nationale; lors du procès de Louis XVI, il soutint que le jugement de ce prince n'appartenait pas à la convention. Il vota ensuite pour l'appel au peuple, puis pour le sursis à l'exécution, avec quarante-cinq de ses collègues. Il fut souvent rapporteur de divers comités, et fut envoyé en mission à Lyon en l'an IV, et fut successivement du conseil des anciens et de celui des cinq-cents.

Retiré dans ses foyers avec moins de fortune qu'auparavant, il fut appelé aux fonctions de président du tribunal de Neufchâteau, de président de chambre de la cour d'appel de Trèves en 1811. Nommé député à la chambre de 1815, il fut ensuite banni. Des personnes puissantes qu'il avait obligées pendant le cours de la révolution, sollicitèrent son rappel et l'obtinrent. Rentré en France en 1818, il s'était retiré à Granx, où il donnait ses soins à l'agriculture et à sa famille. Il était moins le conseil que le médiateur de ses concitoyens dans leurs contestations litigieuses. Il s'estimait heureux quand il avait pu prévenir un procès. Ses lumières et son désintéressement l'avaient rendu cher à ses concitoyens, dont il fut toujours le guide et le modèle.

— Chaque jour de nouvelles adresses aux chambres législatives arrivent de toutes les parties de la France : les journaux ne pourraient suffire à en donner des extraits : ils sont presque toujours forcés de n'indiquer que les lieux où elles ont été votées.

L'un des avocats les plus distingués de Paris, M. Dupin aîné, vient de publier sur le nouveau projet de loi un mémoire fort de logique, de pensée et d'érudition : il a dédié son travail à ses frères; et sa lettre est un monument précieux de désintéressement, de raison et de sensibilité.

La voici :

A mes Frères.

« Mes amis,

» Nous sommes trois, et je suis votre aîné : nos parens n'ont eu à déplorer la perte d'aucun de leurs enfans : nous leur devons la vie, la santé, l'éducation. Notre mère ne nous a point confiés à des mercenaires; elle nous a tous trois nourris de son lait. Notre vertueux père nous a imbus de ses principes; il nous a élevés dans sa religion, dans le respect de l'ordre, de la justice et des lois, dans l'amour sacré de la patrie, qu'il ne sépare point de l'attachement et de la fidélité au prince. Il n'a permis à d'autres maîtres de nous apprendre que ce qu'il n'a pas pu nous enseigner lui-même. Nos parens n'ont jamais pu remarquer qui de nous les respectait le plus, et jamais ils ne nous ont laissé deviner s'ils avaient pour l'un de leurs fils une prédilection qui ne fût point égale pour les deux autres. Je ne me suis aperçu que j'étais votre aîné que parce que j'ai pu vous aimer le premier; nous avons grandi ensemble dans le même amour du travail et de la gloire, dans le même désir d'être utiles à nos concitoyens et à notre patrie. Un patrimoine, d'ailleurs modique, mais pur de tout accroissement illicite, ne nous divisera jamais. J'abjure d'avance, et sous le sceau de l'honneur, toute inégalité qu'une loi quelconque viendrait établir entre nous. En la combattant, j'aurai tout à-la-fois satisfait à mon devoir comme frère et comme citoyen.

» A vous pour la vie. Dupin, aîné. »

18. — Un autre avocat du barreau de Paris a pris un moyen bien sûr pour faire part à ses frères et sœurs de sa détermination.

« A mes frères et sœurs :

» Vous êtes si nombreux, que je prends le parti de vous adresser ma lettre par la voie de l'estimable journal le *Constitutionnel*, qui ne peut manquer de tomber entre vos mains.

» Je ne prétends pas marcher sur les traces de mon confrère Dupin sous le rapport du talent, mais je serais fâché d'être en arrière sur ceux du patriotisme et de l'amour que j'ai pour ma famille.

» Si nos parens, connus par leurs sentimens religieux et monarchiques, et qui chérissent également leurs neuf enfans, se croyaient jamais obligés de laisser à la loi projetée le soin de disposer de leur patrimoine, je vous déclare, mes chers amis, en ma qualité d'aîné, renoncer, dès à présent, aux avantages que cette loi pourrait m'attribuer. Un tel don à mes yeux outrage la nature, trouble l'harmonie des familles, compromet enfin la paix publique.

» Votre meilleur ami, Théodore Perrin, avoc. à Paris. »

Ainsi, la simple apparition du projet de loi en faveur des aînés a fourni à la partie la plus intéressante de la nation l'occasion de manifester le plus noble désintéressement dans un temps où l'intérêt personnel semble dominer toutes les affections.

18. — Un homme se présenta, il y a quelques jours, au bureau des nourrices pour en demander une; il la veut jeune, fraîche, bien portante; plusieurs lui sont offertes, il se montre très-difficile, car c'est pour un enfant de haut rang qu'il est chargé de choisir; après beaucoup d'hésitation, il désigne les deux femmes qui paraissent lui convenir. Mais à laquelle donnera-t-il la préférence? il va les emmener l'une et l'autre, et les parens choisiront; il part avec elles. Chemin faisant il les questionne. Son air de franchise inspire la confiance; il apprend qu'elles n'ont encore déjeuné qu'une fois, et sobrement, et puis elles courent toute la matinée. Il leur propose d'entrer chez un traiteur; la proposition est acceptée, le questionneur commande en homme de bonne maison; l'excellent repas est servi

dans un cabinet particulier; on mange de bon appétit, on rit de bon cœur. Vient le quart-d'heure de Rabelais.

« C'est, dit l'inconnu aux deux villageoises, l'usage chez les traiteurs de Paris, de rapporter les couverts au bourgeois en payant la carte; essuyons ces cuillers et ces fourchettes, enveloppons-les dans une serviette... Voilà qui est bien... Je descends, attendez-moi une minute, je reviens vous rejoindre. » Il part, il est parti! les garçons l'ont vu passer sans trop y prendre garde, on croit qu'il va revenir auprès de *sa société*.

Les deux femmes se lassent d'attendre, et s'informent de leur conducteur, qui depuis une demi-heure est descendu pour payer en emportant les couverts.

Le traiteur furieux n'hésite pas à regarder les deux femmes comme coupables d'un vol évident; elles exposent naïvement le fait, tout s'éclaircit.

La justice a reçu toutes les informations, mais l'amphytrion a échappé jusqu'à présent aux plus actives recherches.

19. — On poursuit en ce moment l'interdiction de deux vieillards qui veulent absolument se marier à l'âge où d'ordinaire on bénit l'union de ses enfans: l'un, M. le marquis de Longaunay, possesseur de 100,000 livres de rentes, et déjà âgé de soixante-six ans, prétend donner son nom à une villageoise, fille de l'un de ses fermiers, et dont dix-huit ans sont toute la richesse; le demandeur en interdiction est son gendre, M. le marquis de Briges. L'autre vieillard, nommé Thomas Labbé, cultivateur et possesseur de huit ou neuf cents francs de rente, veut, à quatre-vingt-trois ans, devenir l'époux d'une jeune fille dont on pourrait le croire l'aïeul. Ces deux procès, qui se poursuivent en ce moment devant le tribunal de Caen, piquent vivement la curiosité. Deux cents témoins doivent être entendus, et déjà l'on a commencé les enquêtes.

(*Gazette des tribunaux.*)

— La police vient de faire arrêter une bande de voleurs composée de onze individus qui se réfugiaient chez le nommé Branché, portier, rue Saint-Denis, n. 200. Des perquisitions faites chez cet homme ont fait découvrir un nombre considérable d'objets volés. Les voleurs ont fait l'aveu de leurs crimes et indiqué les personnes qui avaient été volées. Deux d'entre eux ont été arrêtés le 13 février, à dix heures du soir, au moment où ils remplissaient un panier de bouteilles de vin dans la cave du sieur Boniface, traiteur, dans la rue aux Ours.

— M. Bailly, hommes de lettres, avait vendu à M. Roret, libraire, la propriété d'un *Manuel de physique* à l'usage des étudians et des gens du monde. Il s'était engagé, en outre, à ne publier à l'avenir aucun autre ouvrage qui pût entrer en concurrence avec ce *Manuel*.

Depuis, M. Bailly ayant publié deux petits traités intitulés : *Résumés de la physique des corps pondérables et impondérables*, M. Roret crut trouver dans cette publication une atteinte portée aux conventions précédemment souscrites par M. Bailly. M. Roret l'ayant en conséquence attaqué devant la première chambre du tribunal civil, ce tribunal, par jugement du 14 du courant, a condamné M. Bailly à 100 francs de dommages-intérêts, et a en outre ordonné la saisie des exemplaires des deux *Résumés* mis en circulation.

19. — On lit dans *la Quotidienne* d'aujourd'hui :

« La commission d'enquête de Pétersbourg est parvenue, dit-on, à découvrir tous les secrets de la conspiration qui a éclaté récemment; lorsque l'instruction sera terminée, tous les détails du complot seront rendus publics. On a acquis la certitude que le projet avorté date de fort loin; on le fait remonter à une époque antérieure à la campagne de Tilsitt. On assure que, durant cette campagne, une avant-garde française s'empara de quelques bagages, parmi lesquels se trouvèrent des papiers renfermant les preuves d'une conspiration militaire. Bonaparte s'étant fait remettre ces papiers, les renvoya secrètement à l'empereur Alexandre, et c'est cette action qui aurait inspiré, dit-on, à ce souverain l'amitié qu'il a long-temps fait paraître pour Bonaparte. On va même jusqu'à citer le nom du maréchal de France qui remit les papiers saisis, et qui en retira un récépissé. Quoi qu'il en soit, Alexandre étouffa cette affaire; quelques disgrâces éclatantes eurent lieu, et les conjurés, déconcertés et surveillés, se tinrent long-temps tranquilles. On affirme également qu'Orloff ayant comparu devant la commission d'enquête, lui a tenu un langage fier et menaçant. Il a dit aux commissaires que sa tête et d'autres pourraient tomber, mais qu'il en resterait encore assez pour venger sa mort et celle de ses complices; qu'au reste, il ne fallait pas attendre de lui qu'il imitât la conduite de Trubeskoï. »

— Il circule depuis quelques jours à Paris une nouvelle qui prend cependant assez de consistance pour mériter d'être répétée, au moins comme un bruit qui court dans les salons diplomatiques.

On dit que l'empereur Nicolas a écrit au roi d'Angleterre une lettre autographe, dans laquelle il lui fait savoir que l'état des choses en Russie, le met dans la nécessité de ne plus retarder le passage du Pruth, et de terminer sans délai les affaires d'Orient.

L'empereur de Russie ajouterait cependant qu'il est déterminé à faire tout ce qui est en lui pour ne pas troubler la paix générale, et pour maintenir l'harmonie qui existe depuis dix ans entre les principaux états de l'Europe. S. M. I. exprimerait donc le désir qu'elle a de s'entendre, pour mettre à exécution les projets dont elle ne peut plus retarder l'exécution avec le cabinet de Saint-James et avec les autres grandes puissances.

Cette lettre autographe, ajoute-t-on, aurait été communiquée au gouvernement français, lequel aurait différé sa réponse pendant quarante-huit heures. Lord Wellington l'attendait pour se mettre en route ; elle est arrivée enfin. Mais il paraît que le ministère français n'a pas répondu d'une manière catégorique. Ce serait immédiatement après l'arrivée de cette réponse à Londres que le duc de Wellington s'est mis en route pour Saint-Pétersbourg.

TRIBUNAL DE POLICE CORRECTIONNELLE. — (6ᵉ chambre). — *Audience du 22 février.* — On se rappelle que, dans l'affaire du *Constitutionnel*, Mᵉ Dupin signala une brochure intitulée : *Lettres de Satan* ; le ministère public lança un réquisitoire contre le libraire, l'éditeur et l'imprimeur de cette brochure. Une procédure fut instruite, par suite de laquelle MM. Waille, Lachevardière et Potey ont comparu aujourd'hui devant le tribunal de police correctionnelle : le premier, comme éditeur de la brochure ; le second, comme l'ayant imprimée ; et le troisième, pour l'avoir mise en vente.

M. Bernard-Desglageux, avocat du Roi, a rappelé les faits de la cause, cité plusieurs passages de cet écrit, dont le but était de provoquer à la désobéissance aux lois du royaume, à l'autorité constitutionnelle du Roi et des chambres, et a conclu à l'application des peines portées par la loi.

M. l'avocat du roi a cité dans son réquisitoire plusieurs passages de l'ouvrage incriminé, et entre autres ceux-ci :

« Que le Roi dise, du fond de son cœur, ce seul mot : Seigneur sauvez moi, et le Seigneur lui répondra : *Je t'ai donné un glaive, frappe.*

« .... La plupart des maisons d'éducation sont comme de vastes repaires, où le démon entasse les générations présentes pour te (à Satan) les offrir en sacrifice. »

« .... Quel autre dessein caché d'une législature qui autorise les Français à être à-la-fois juifs, luthériens, calvinistes ? N'est-ce pas leur inoculer l'athéisme ? C'est depuis que tu (Satan) as introduit ce chef-d'œuvre d'impiété que tu dis : Les Français sont à moi ; leurs codes et leurs lois, leur politique et leurs institutions ! »

Les trois prévenus ont été entendus dans leurs moyens de défense, le sieur Waille, auteur, s'est retranché dans la question intentionnelle ; il a prétendu qu'il n'avait aucunement voulu offenser ni le Roi, ni les chambres ; le libraire M. Potey, a prouvé qu'il était étranger au délit ; l'imprimeur, M. Lachevardière, a protesté de sa bonne foi, et déclaré qu'il était dans l'habitude d'imprimer de confiance les brochures que lui donnaient *ces Messieurs du Bureau du Mémorial catholique.*

Le libraire et l'imprimeur ont été renvoyés de la plainte. Le sieur Waille, auteur de la brochure incriminée, a été déclaré coupable de provocation à la désobéissance aux lois, et d'attaques contre l'autorité du Roi et des chambres, et condamné à un mois d'emprisonnement.

22. — Le but du législateur en établissant près des tribunaux des fonctionnaires spécialement chargés de veiller à l'exécution des lois et aux intérêts des femmes, des orphelins, des mineurs et des établissemens publics, n'a point entendu que les fonctionnaires nommés par le pouvoir exécutif, et révocables à sa volonté, dussent, sous peine de destitution, céder à d'autres inspirations qu'à celles de leur conscience.

On se rappelle que le ministère avait fait saisir les premiers numéros du journal l'*Aristarque*, sous le prétexte que l'ancien journal sous le même titre avait cessé de paraître, et qu'il fallait une nouvelle autorisation du Roi. M. Freteau de Peny, alors avocat général, avait cru devoir prendre des conclusions en faveur des propriétaires ; et la cour avait jugé conformément à ses conclusions.

M. Freteau de Peny avait été révoqué. La mort de M. Marchangy laissait une place vacante au parquet de la cour de cassation : le Roi lui a donné pour successeur M. Freteau de Peny : c'était le rendre à ses premières fonctions. On assure que S. M. avait pris spontanément cette détermination *pour réparer une injustice.*

La réception de ce magistrat fut une véritable fête de famille. M. De Sèze, premier président, prononça le discours suivant :

« C'est pour la cour de cassation une grande satisfaction que de vous voir rentrer aujourd'hui dans son sein. L'événement malheureux qui vous avait séparé d'elle lui avait coûté de profonds regrets : vos talens, vos vertus, vos services, votre caractère moral, et ce sentiment surtout si touchant de confraternité qui semble vous distinguer d'une manière particulière, tout lui avait fait de votre commerce et de vos secours une habitude qui lui était bien douce, et dont elle n'avait pu se voir privée sans une véritable douleur.

Mais la gloire de ce moment-ci efface tout. La cour de cassation l'attendait, elle y comptait même ; elle n'avait pas douté un instant de la paternelle bonté du monarque adoré, dont les intentions sont toujours si pures et le cœur si noble. Elle connaissait aussi son ardent amour pour la justice, et certes, monsieur, le Roi vous en donne aujourd'hui une preuve bien éclatante en vous rétablissant *lui-même*, non pas dans d'autres fonctions judiciaires, non pas dans des fonctions d'une autre nature, comme il le pouvait, mais absolument dans ces mêmes fonctions du ministère public que vous exerciez avec tant de succès parmi nous, et en dissipant ainsi par ce témoignage auguste de sa confiance tous ces nuages qui, par leur sorte de fatalité, avaient pu obscurcir un moment ce zèle délicat et de conscience avec lequel vous aviez rempli ce beau ministère.

» Que de grâces, monsieur, et vous et nous n'avons-nous pas à rendre à un prince qui triomphe avec tant de courage des préventions, et qui fait un si admirable usage de sa puissance !

» Pourquoi faut-il qu'à cette vive satisfaction que nous éprouvons, se mêle le regret amer de la perte inattendue que nous avons faite de ce magistrat (1), qui, jeune encore, a laissé une si grande renommée !

» Trois années se sont à peine écoulées depuis le jour où, à la place même que vous occupez dans cette enceinte, nous l'avions mis en possession de l'inappréciable faveur que le souverain lui avait accordée, en l'élevant, malgré sa jeunesse, jusqu'à la première Cour du royaume. Il était dès-lors tout brillant de gloire; il venait de remporter le plus beau triomphe; il avait attaqué avec courage en présence de la cour royale de Paris, et au nom si puissant du ministère public, ces lâches et odieux ennemis des trônes comme des nations, qui, répandus dans tous les pays, se cachent partout dans les ténèbres, pour y travailler en silence à la conflagration générale : il avait démasqué leurs exécrables projets, il en avait dévoilé toute l'étendue; il avait mis aussi à nu l'horreur de leurs épouvantables principes; et cette énergique défense de l'ordre social, qu'animaient tout-à-la-fois une raison forte et une éloquence pleine de vie, avait obtenu un si étonnant succès, qu'elle avait fixé les regards du souverain, et appelé sur lui cet auguste suffrage qui l'avait conduit au milieu de nous.

» Ce grand succès d'ailleurs n'était pas le seul qui, à cette époque, l'eût signalé à l'opinion publique : il était déjà couvert de trophées.

» Entré de bonne heure dans la magistrature, ses premiers pas avaient été des pas de géant; des victoires signalées lui en avaient fait atteindre rapidement tous les grades : mais les travaux même de la magistrature ne suffisaient pas à son ardeur noblement impatiente; il lui fallait encore des succès d'un autre genre, et ces succès il les chercha dans les lettres : il eut l'art de mener de front la culture toujours si utile des lettres et l'étude si austère de la jurisprudence, qui s'allie si naturellement avec elle.

» Sa brillante imagination, et qui l'emportait quelquefois malgré lui, lui fit saisir, dans les annales de notre monarchie, des époques mémorables auxquelles il se plut à mêler des fictions

_____
(1) M. Marchangy.

de nature à répandre encore plus d'intérêt et de grâce sur les tableaux qu'il en retraçait (1).

» Il aspirait dans le même temps à cette gloire si séductrice de la tribune politique, dont ses talens, ses excellens principes, son dévouement absolu à cette race auguste qui fait le bonheur de la France depuis tant de siècles, le rendaient également digne.

» Malheureusement ses travaux si multipliés, et dans lesquels il consumait les jours et les nuits, n'ont pas tardé à abréger sa vie : sa carrière a été courte, mais elle a été pleine. Nous ne l'avons possédé nous-mêmes, pour ainsi dire, que quelques instans ; mais ces instans ont laissé parmi nous des traces profondes : sa mémoire nous sera éternellement chère.

» Par événement, Monsieur, vous nous êtes rendu à propos pour adoucir nos justes regrets : vous remplirez, par votre retour, le vide que laissait votre prédécesseur. Votre zèle pour la justice s'accroîtra même encore, je n'en doute pas, de toute la reconnaissance que vous devez à ce prince qui a si bien senti le prix de cette satisfaction qu'il nous réservait.

» Vous nous aiderez aussi à lui témoigner la nôtre, et nous oublierons tous ensemble ces momens maintenant évanouis d'une séparation qui, nous pouvons le dire avec confiance, ne se reproduira jamais. »

— On écrit de Londres, 16 février : la mission de lord Wellington, fort de toute l'influence qui lui est assurée par sa position actuelle, le grade militaire qu'il occupe en Russie, et des souvenirs glorieux, a évidemment pour but de calmer les esprits et de paralyser des résolutions brusques ou irréfléchies.

De son côté, M. Stratford-Canning, qui ne sera pas contrarié par les envoyés de la France et des autres puissances, fera en même temps les plus grands efforts à Constantinople pour ébranler le divan par l'imminence du danger dont il serait menacé, si l'armée russe franchissait la frontière turque aux cris de fraternité religieuse, et l'engager à faire un sacrifice qui ôterait tout prétexte à des hostilités qui auraient les conséquences les plus funestes pour la Porte-Ottomane et pour le repos de l'Europe.

Mais l'émancipation de la Grèce a constamment trouvé et trouve encore aujourd'hui un ennemi obstiné et implacable dans le cabinet de Vienne, malgré les vives inquiétudes que lui inspirent la fermentation qui règne en Russie, et l'attitude menaçante de ses redoutables armées. Ce dernier danger disparaît en quelque sorte aux yeux du premier ministre autrichien, en présence du danger qu'il redoute par-dessus tout, de voir consacrer

(1) La *Gaule Poétique*; M. Marchangy avait composé depuis son *Tristan le Voyageur*, ou la France au treizième siècle. Les derniers volumes n'ont paru qu'après sa mort.

par les souverains l'antécédant de l'émancipation légale de la Grèce, qu'il persiste à regarder comme d'un dangereux exemple pour l'Italie. Une insurrection, légitimée par le succès, est regardée par ce ministre comme une monstruosité si grande, que le flegme autrichien, le sang-froid habituel et la présence d'esprit du prince de Metternich, se sont trouvés en défaut l'année dernière, au moment de la première communication qui lui a été faite de l'acte de reconnaissance des républiques indépendantes de l'Amérique méridionale. La diplomatie dissimule, mais elle tient note. Le coup est porté, et il n'y aura et ne saurait y avoir aucune analogie entre la politique de M. Canning et celle du prince de Metternich, dont l'une a pour but *l'immobilité*, et l'autre *le perfectionnement* progressif des institutions sociales.

18. — J'espère que vous aurez reçu ma dernière lettre du 16 de ce mois. Je profite d'une occasion qui m'est offerte pour vous annoncer qu'on assure que le commissariat grec, dans cette capitale, a reçu depuis des nouvelles très-satisfaisantes sous le point de vue politique, dans l'intérêt des Hellènes.

Des dépêches que l'on suppose être de la plus haute importance viennent d'être expédiées, par voie extraordinaire, à Malte, à Corfou, à Constantinople et à Napoli de Romanie. La force des choses sera plus puissante que la volonté de quelques vieux diplomates pour modifier un *statu quo* contraire à la marche de la nature, aux souvenirs historiques et aux besoins variables des nations.

20. — L'agitation de la Bourse, qui avait d'abord été effrayante, s'est un peu apaisée.

La mort de Goldschmith (on l'a trouvé sans vie dans son lit, a ajouté à la crise des fonds étrangers, qui se sont cependant soutenus à-peu-près à la même valeur que les jours précédens.

23. — On assure que le maréchal duc de Raguse est nommé ambassadeur extraordinaire à Pétersbourg, pour assister au couronnement de l'empereur Nicolas.

Cette nomination tout-à-fait imprévue a étonné beaucoup de gens qui ne croient qu'aux anciennes illustrations.

— Les lettres de Londres sont toujours fort alarmantes. La crise financière est loin de se calmer, malgré les mesures proposées aux chambres pour la faire cesser.

— La correspondance d'Espagne annonce des troubles sérieux à Ségovie; des troupes ont été en toute hâte dirigées sur ce point; d'autres émeutes ont éclaté dans l'Arragon et la Galice. Des lettres de Cadix assurent que le 7, le régiment de

Quesada a été embarqué pour la Havane; il a fallu le conduire entre deux haies de soldats du régiment de l'Ealtad.

— Le sergent Durosey, du 14e. de ligne, accusé d'attentat à la pudeur, de viol, sur une jeune ouvrière, de tentative de meurtre sur la personne du sieur Orget, a comparu hier devant le 2e. conseil de guerre: il a été acquitté à la majorité de cinq voix sur sept.

— Cour de cassation. — M. le comte de Kernillien contestait depuis cinq ans à la commune de Moulson (Côte-d'Or), le droit de champay (1) et de vaine pâture dans les bois de Champ-Coubert. Le tribunal de première instance de Châtillon, regardant comme insuffisans les titres de la commune, qui cependant justifiait de son droit depuis le commencement du 16e. siècle, avait ordonné un supplément de preuves. Un second jugement rendu après l'enquête avait rejeté la demande de la commune.

La cour de Dijon avait réformé ce jugement. Le comte de Kernillien s'est pourvu en cassation contre cet arrêt, dont il importe de faire connaître les termes.

«La cour, sur le premier moyen, attendu que la partie dispositive du jugement du 11 décembre 1821, n'avait pas rejeté les titres produits par la commune de Moulson, et qu'en admettant la preuve offerte par cette dernière, le tribunal a déclaré, qu'il ne statuait qu'avant faire droit et sans préjudice de tous moyens, faits, exceptions et droit des parties.

Attendu que c'était sur un jugement purement interlocutoire, duquel aux termes des articles du code de procédure civile, il était facultatif à la commune, ou d'en appeler immédiatement, ou d'attendre, ainsi quelle l'a fait, le résultat définitif.

« Sur le second moyen, attendu que la cour de Dijon, qui avait les titres sous les yeux, et à laquelle appartenait le droit de les apprécier, reconnaît en termes formels que dès 1519 et 1520, les habitans de Moulson avaient été maintenus dans la possession des droits qu'ils réclament, et qu'ils avaient conservé cette possession.

»Attendu que d'après les faits ainsi constatés, l'arrêt attaqué, en maintenant les habitans de la commune de Moulson dans le droit de champay et de vaine pâture au bois de Champ-Coubert, n'a en rien contrevenu à l'article de la coutume de Bourgogne cité par le demandeur.

»Rejette avec dépens le pourvoi de M. le comte de Kernillien.

24. — La vente des précieuses collections du cabinet de feu M. Denon, est fixée au 1er. mai. Les trois parties du catalogue

---

(1) Terme du vieux style des coutumes qui signifie droit de pacages.

seront publiées sous peu de jours, et distribuées chez MM. Treuttel et Wurtz, et Tilliard.

— *Théâtre français.* — Première représentation de la *Petite Maison*, comédie en trois actes et en prose, par M. Mélesville.

Pour plaire il faut intéresser, et pour intéresser il faut convaincre; et le petit roman dialogué que M. Mélesville a imaginé sous le titre de *Petite Maison*, fourmille d'invraisemblance. Le titre promettait une intrigue peut-être fort gaie, et on n'y trouve rien de ce que le titre promet.

La scène se passe dans un pavillon isolé au fond d'un parc: tous les personnages sont Anglais: on ne rit pas au-delà de la Manche; le public s'est trouvé dépaysé; le nouvel imbroglio a subi assez heureusement sa première épreuve; il a figuré déjà plusieurs fois sur l'affiche; mais il a eu besoin de l'appui d'une autre nouveauté.

Resserré dans un cadre plus modeste et plus convenable, il eût pu se soutenir plus long-temps. Ce n'est point une comédie, et ce n'est pas non plus ce qu'on est convenu d'appeler un drame. Ce petit ouvrage a été admis au répertoire de la Comédie française sans tirer à conséquence.

— La France a encore à déplorer la perte d'un vétéran de son ancienne armée celle du général Bellavène, parvenu par ses talens et son courage au grade de général de division, et qui dirigea jusqu'en 1814 l'école de Saint-Cyr. Il fut l'ami du brave Desaix : il n'avait pour toute fortune qu'un modeste domaine près de Melly (Seine et Oise); il y jouissait dans une heureuse médiocrité de toutes les douceurs du bonheur domestique quand il perdit son épouse. Depuis ce fatal événement tout changea pour lui : une sombre mélancolie minait son existence. Il ne survécut pas un an à l'objet de ses plus chères affections : il vient de mourir frappé d'une apoplexie foudroyante.

— On assure que M. Sallaberry sollicite, depuis plus de deux ans, la place de directeur général de la bibliothèque royale, et de toutes les bibliothèques publiques de France.

La réunion connue sous le nom de *Club-Piet*, insiste vivement pour cette nomination. Les directions générales se multiplient presque toujours sans aucun motif d'utilité publique; et il serait difficile de justifier celle qu'ont imaginé les amis de M. Sallaberry.

Les bibliothèques, en général, se sont formées de dons particuliers. Celles des villes de départemens appartiennent aux communes, et ne peuvent avoir pour administrateurs légitimes que les autorités locales. Jusqu'à présent aucune plainte ne s'est élevée contre le régime adopté pour la conservation de ces dépôts précieux. Ils ont été partout confiés à des hommes dont la loyauté égale l'érudition, et qu'on ne pourrait révoquer sans les plus graves inconvéniens. On ne devient apte à ces sortes d'emplois que par de longues études, et l'expérience qu'exige leur direction ne peut être acquise que par de pénibles travaux, que n'encourage point l'espoir d'une séduisante célébrité. L'administration de la bibliothèque de Paris comprend, parmi ses principaux membres des savans distingués, des professeurs également recommandables par les ouvrages qu'ils ont publiés, et par le rang qu'ils occupent dans le monde savant. Quels sont les titres de M. Sallaberry pour se placer à leur tête? Cette innovation en entraînerait d'autres dont il est facile des pressentir les conséquences.

— Avant-hier deux élèves de l'École Polytechnique faisaient des armes en attendant qu'ils prissent leurs leçons ; l'un d'eux fut atteint d'un coup violent qui frappa sur le masque; le fleuret ne fut pas arrêté, et le malheureux jeune homme eut l'œil gauche crevé ; il est de suite tombé dans d'horribles convulsions, auxquelles a succédé l'immobilité de la mort. Les médecins qui ont été appelés ont déclaré qu'il n'y avait plus d'espoir.

Leur triste conjecture s'est confirmée. Cet élève est mort aujourd'hui : il se nommait Bertrand ; il était né à Vitry-le-Français.

Nous empruntons à *l'Éclaireur du Rhône* d'hier, 25, l'article suivant :

« Comme en Angleterre, notre fabrique d'étoffes de soie est dans une stagnation effrayante. Nos ouvriers, sans occupation, vont bientôt manquer des choses les plus nécessaires à la vie. Les dames anglaises, pour venir au secours de leurs malheureux concitoyens, ont formé la résolution, dans plusieurs grandes villes, de se faire faire chacune une robe de soie. Puisse ce patriotique exemple être imité en France ! Il vaut mieux secourir les pauvres en leur procurant le travail qui les fait vivre, que par des souscriptions, ou en leur tendant de stériles aumônes : les mœurs et la tranquillité du pays ne courent de la sorte aucun danger. »

26. — La société philantropique en faveur des Grecs, s'adresse de nouveau à tous les hommes généreux qui ont secondé de leurs efforts, et dont elle s'honore d'avoir été l'organe. Elle leur doit compte du bien qu'elle a fait avec leurs secours, des craintes qu'elle a partagées avec eux, et des espérances qui s'y mêlent aujourd'hui.

Naguère ces craintes étaient affreuses, comme les maux de la Grèce. Il semblait que l'Europe n'aurait bientôt plus qu'à verser des larmes de douleur et de honte sur les cendres d'une race chrétienne, inutilement héroïque, et qui cédait en mourant à la barbarie disciplinée des troupes égyptiennes; mais cette crise épouvantable a cessé. Elle a montré seulement, par un surcroît de sanglans témoignages, que la nation régénérée sous l'étendard du Christ ne pouvait plus, à aucun titre, sous aucune forme, appartenir à ses détestables oppresseurs. L'armée égyptienne a parcouru, a conquis presque toutes les parties de la Morée, sans pouvoir garder sous son obéissance un seul village grec; elle a tout saccagé sans rien soumettre; elle a créé la solitude sans trouver la paix. On a vu des populations, refoulées de tous les points de la Grèce sous les murs de Napoli, souffrir toutes les horreurs de la misère et de la faim, plutôt que de se résigner à aucun traité avec leurs bourreaux musulmans. Cet excès de maux a ranimé l'héroïsme, et les désastres des Turcs ont à leur tour commencé avec la campagne d'hiver. La guerre est sortie de nouveau des forêts et des cavernes. D'heureux essais de tactique, secours expiatoire envoyés d'Europe ont puissamment aidé le courage des Grecs. Les habitans des îles se sont pressés contre leurs frères du continent. La formation d'une nouvelle armée, la résistance glorieuse de Missolonghi, la prise importante de Tripolitza, ont enflammé la valeur nationale, et sauvé la vie de ce peuple qui n'avait plus qu'à mourir.

A la vue de ces événemens, le zèle de tous les amis de la religion et de l'humanité doit s'augmenter avec leur confiance. Il est à croire que ce n'est pas en vain qu'une nation chrétienne aura été tant de fois retirée de l'abîme, et que la longue épreuve de son martyre amènera pour elle enfin des temps plus favorables. La politique s'éclaire sur le véritable intérêt de la civilisation et des souverains; elle ne peut renier les plus belles traditions de l'histoire moderne, qui nous montrent à diverses époques les barbares Mahométans chassés de la France, de l'Espagne et de l'Italie; elle ne peut croire à la légitimité des Turcs dans la Grèce, lorsque l'honneur de les avoir repoussés des murs de Vienne immortalise le nom de Sobieski.

Ainsi, jamais les espérances, les vœux de tous les cœurs chrétiens en faveur de la Grèce, ne furent plus raisonnables et mieux fondés; jamais aussi ces dons philantropiques, déjà multipliés, n'auront offert plus d'utilité véritable. Les premiers bienfaits, transmis par les mains du comité, ont adouci bien des maux: beaucoup de blessés ont reçu un secours inespéré; des maladies dangereuses, produites par l'abandon et la misère, ont exercé moins de ravages; des enfans et des femmes ont été sauvés de la guerre et transportés dans l'île d'Egine, refuge de tout ce qui n'est pas armé dans la Grèce; et, sans parler de ce qu'a pu faire le courage, nos arts, employés par des mains habiles, ont donné des moyens de salubrité, de défense, et diminué le nombre des victimes dans cette race héroïque, mais peu nombreuse, dont une politique barbare avait calculé la destruction rapide et progressive.

Et maintenant que la Grèce est presque sauvée, maintenant que l'on peut se flatter, non de faire des frais inutiles pour des morts, mais d'aider un peuple vivant, et d'adoucir pour lui les maux d'une guerre impie, à laquelle il ne succombera pas, quel chrétien, quel Français refuserait de concourir à cette œuvre sacrée? Nous adjurons tous les cœurs généreux, tous les esprits éclairés; nous invoquons la pieuse charité des femmes, nous demandons l'offrande du pauvre comme celle du riche, car il s'agit de soulager des maux effroyables dont rien n'approche dans notre Europe éclairée, et qui ne cesseront qu'avec l'invasion barbare que repousse encore une fois la Grèce.

Les membres du comité : MM. André, le vicomte de Châteaubriand, le duc de Choiseul, Cottier, le duc de Dalberg, Benjamin Delessert, le comte Mathieu Dumas, Eynard, Ambr. Firmin Didot, le duc de Fitz-James, le général M. Gérard, le comte Eugène d'Harcourt, le comte Alex. de Laborde, Laffitte, Lainé de Villevesque, le comte Alex. de Lameth, le duc de la Rochefoucauld-Liancourt, le comte de Lasteyrie, Casimir Perrier, le comte de Saint-Aulaire, le comte Sébastiani, le baron de Staël, Ternaux, Villemain.

Nota. Les souscriptions seront reçues chez MM. André et Cottier, banquiers, rue des Petites-Ecuries, n. 40, et chez M. Cassin, agent du comité, rue Taranne, n. 12, où l'on peut s'adresser pour les renseignemens.

Le comité des fonds de la société philantropique en faveur des Grecs a rendu par écrit ses comptes de recettes et dépenses de l'année 1825. Ils seront communiqués à ceux de MM. les sociétaires qui désireraient en prendre connaissance, à l'agence du comité, rue Taranne, n. 12.

26. — L'affaire du *Journal du Commerce* est le sujet de toutes les conversations. On se demande quelles formalités suivra la Chambre des députés dans ce procès, où elle s'est constituée juge et partie?

M. Benjamin Constant a adressé à quelques journaux la lettre suivante :

Paris, 26 février 1826.

« Un journal annonce, Monsieur, que le comité secret de demain aura vraisemblablement pour objet l'établissement des formes de la procédure à suivre dans l'affaire intentée au *Journal du Commerce.* Je pense que ce journal s'est trompé. Le comité secret ne peut avoir pour but que de procurer aux membres de la Chambre le moyen de connaître l'opinion de chacun d'eux sur la marche la plus convenable à adopter dans la poursuite de ce procès ; mais les formes de la procédure me semblent ne pouvoir être ni déterminées ni discutées que publiquement.

» Je sais que, d'après l'article 44 de la Charte, la Chambre doit, n'importe sur quel objet, se former en comité secret, sur la demande de cinq de ses membres ; mais je ne sache pas que dans le cas présent il y ait cinq membres qui aient formé cette demande, et j'ai trop bonne opinion de mes collègues pour croire qu'il y en ait cinq, ni même un seul, qui veuille se charger d'une pareille proposition. Ce serait abuser de la lettre de la Charte contre son esprit ; car si elle a voulu la publicité des discussions et des délibérations de notre Chambre, pour les lois les moins importantes, à plus forte raison cette publicité est-elle requise, quand il s'agit des garanties dues à un accusé. Ces garanties résident en entier dans les formes de la procédure. Vouloir les déterminer par une décision secrète, serait violer à la fois et les principes de la Charte et ceux de l'humanité et de la justice.

» L'accusé a droit de connaître ces formes d'avance. Le mode de sa défense en dépend. Cette défense peut et doit varier suivant la nature de ces formes. Ainsi, par exemple, si, ce qui est impossible, car ce serait un acte d'oppression qui, à mon avis, serait illégal, et ne serait par conséquent nullement obligatoire, la Chambre décidait, en comité secret, qu'aucun de ses membres ne pourrait prendre la parole publiquement en faveur de l'accusé, comme cela se pratique aux communes d'Angleterre, n'est-il pas évident que celui-ci, privé d'un appui constitutionnel et légitime, devrait rédiger sa défense autrement que si cet appui lui était laissé ?

» Ceci, vous le sentez, Monsieur, n'est qu'une hypothèse que j'ai choisie pour rendre plus frappante ma pensée. La Chambre est incapable de s'arroger sur ses membres, ou d'exercer contre un accusé un pouvoir tellement illégal et vexatoire. Non, Monsieur, elle ne s'enveloppera point de ténèbres odieuses, pour décider des formes qu'elle suivra dans un procès où sa position est déjà si délicate, puisqu'elle est à-la-fois juge et partie. Elle doit à la France la plus grande publicité dans la discussion des formes, comme elle doit à l'accusé l'attention la plus scrupuleuse et la latitude la plus indéfinie. En général, je vous invite à ne pas croire aux bruits qu'on répand sur ses dispositions. Hier encore, on m'assurait qu'un membre de la majorité avait déclaré que pour peu que le défenseur entrât dans les détails auxquels M. de Lézardière a fait allusion, et qui pourtant sont dans le droit et le devoir d'un défenseur, il n'aurait pas la faculté de les approfondir. Je suis persuadé du contraire.

» La Chambre, je me plais à le penser, sentira que ce qu'elle a permis aux ministres d'avouer et à ses membres de dire et de répéter, appartient à l'accusé et à son défenseur; car les faits et la preuve des faits, s'il y a preuve, forment essentiellement partie de la défense, et la Chambre ne voudra pas ressembler à ces majorités oppressives qui, toujours avides de condamner, s'empressaient de mutiler les formes qu'elles n'avaient consenties qu'avec répugnance, et qu'elles rendaient une dérisoire parodie.

» J'ai cru, Monsieur, en ma qualité de député, devoir cette explication, dont je ne doute pas que mes collègues ne me sachent gré, et je suis convaincu qu'après le comité secret, dans lequel nous aurons simplement causé sur les formes à suivre, une discussion publique et solennelle précédera et motivera l'adoption de celles que nous jugerons les plus protectrices, les plus équitables, les plus conformes à la dignité d'un corps qui perdrait sa dignité, s'il la plaçait ailleurs que dans le maintien des libertés constitutionnelles.

» Agréez, etc. BENJAMIN CONSTANT, député de la Seine. »

— Plusieurs journaux publient l'article suivant, sous la rubrique de VIENNE (*Autriche*), 15 février.

On vient de recevoir de Varsovie la nouvelle que Guillaume Kuchelbecker, assesseur de collége et un des conjurés de Pétersbourg, vient d'être arrêté. Après s'être long-temps soustrait à toutes les recherches, il était arrivé à Varsovie, déguisé en mendiant. Une sentinelle, d'après son signalement, a cru le reconnaître sous ce déguisement, et s'en est emparée. On a trouvé sur lui un faux passeport pour l'étranger. Il paraîtrait que, dans ses interrogatoires, ce jeune homme a avoué qu'il était un des chefs de la conspiration. Il a, dit-on, aussi déclaré qu'un imprimeur, qui avait disparu de Pétersbourg il y a environ quatre ou cinq années, et qui avait imprimé des proclamations, lesquelles avaient dû être publiées à cette époque, avait été assassiné par les conspirateurs, dans la crainte d'une révélation, attendu que cet imprimeur venait de prendre un passeport pour l'étranger. Voilà du moins ce qu'on assure.

26. — Tout le monde a lu dans les Mémoires de madame de Campan, l'histoire de ce conseiller au parlement de Toulouse, qui subitement épris des charmes de la reine, ne sut pas à temps réprimer une passion aussi malheureuse que téméraire, et qui bientôt devint une véritable monomanie.

On ne peut se rappeler sans attendrissement avec quelle indulgente pitié la reine refusa d'autoriser les moyens de rigueur qui l'eussent bientôt délivrée des obsessions importunes de cet insensé, et comment elle chargea elle-même un avocat célèbre, aujourd'hui élevé au plus haut degré de la magistrature, de le faire partir pour sa province.

» S'il faut en croire les récits qui nous sont parvenus, un pareil exemple d'aliénation mentale vient de se présenter : un chevalier de Saint-Louis, M. de V...., parvenu à cet âge où d'ordinaire s'éteint la fougue des passions, a fait éclater pour une auguste princesse un amour dont rien n'a pu arrêter l'expression ; il savait que la beauté, la jeunesse et la grâce doivent commander nos hommages ; mais son esprit n'a pas mesuré cet intervalle immense, qui, d'un sentiment que tout justifierait si bien ailleurs, fait une ridicule aberration.

» M. de V.... paraît jouir de toute sa raison, dans les relations ordinaires de la vie ; cependant, comme tous les monomanes, il n'en est plus le maître quand il est ramené vers son idée fixe ; aussi n'a-t-il pas craint, un jour, d'adresser par écrit à la princesse une déclaration formelle. Cette démarche a provoqué l'arrestation de M. V... et dans ses papiers, qui ont été saisis, on a trouvé une foule de pièces où ce malheureux avait déposé l'expression, dirons-nous de son amour ou de sa folie.

» L'autorité avait résolu d'abord de l'envoyer à Charenton ; depuis il a été, nous assure-t-on, transféré à la Force, après avoir subi un interrogatoire devant M. le juge d'instruction. S'il en est ainsi, on aura découvert sans doute des particularités qui nous sont inconnues : car dans ce que nous venons de rapporter, nous avons vu la conduite d'un homme qu'il faut plaindre, et non pas celle d'un coupable qu'on puisse livrer à la rigueur des lois. » (*Gazette des tribunaux.*)

— Les journaux de Lyon ont annoncé il y a quelques jours, la disparition subite d'une demoiselle de cette ville. Un de ces journaux publie à ce sujet l'article suivant :

» L'abbé P..., jésuite, s'était introduit chez madame L...., qui, ainsi que sa fille, jouit d'une fortune considérable, dont elle consacre la plus grande partie à des œuvres pieuses et charitables. L'abbé P... est parvenu à persuader à mademoiselle L... qu'elle était appelée à fonder un nouveau couvent en Franche-Comté, où il vient de la conduire. Mademoiselle L... avait déjà fait construire un couvent sur la montagne de Fourvières. Elle laisse sa famille inconsolable et les nombreux indigens qu'elle secourait dans le désespoir. »

Cour d'assises de Paris. — *Acte d'accusation de la fille Cornier.* — Henriette Cornier, femme Berton, âgée de 27 ans, est née à la Charité-sur-Loire, d'une famille honnête, dont le chef exerçait dans cette ville la profession de boulanger. Elle perdit, dès son enfance, son père et sa mère, et fut élevée dans la religion catholique par une ancienne religieuse, sa tante et sa marraine, qui prit soin d'elle pendant qu'elle vécut. Après la mort de cette parente, elle passa sous la surveillance d'un sieur

Roy-Bernard, son tuteur, qui paraît l'avoir traitée avec dureté, et même l'avoir frappée souvent. Elle avait alors douze ans.

Henriette apprit l'état de couturière, et, parvenue à sa dix-neuvième année, elle épousa un nommé Berton, dont on ignorait alors la mauvaise conduite, et qui ne tarda pas à être privé de toutes ressources. Se trouvant fort malheureuse avec cet homme, et effrayée sur son avenir, elle quitta son mari après quatre mois de mariage, et vint à Paris, où elle réclama l'aide de son frère aîné, qui avait une place de conducteur dans l'administration des messageries royales. Il accueillit sa sœur avec affection, et depuis cette époque il n'a cessé de lui être utile, soit en lui donnant de l'argent, soit en lui procurant de bonnes conditions. Pendant le cours de sept années il la fit entrer successivement dans différentes maisons, où elle a servi, à ce qu'il paraît, sous ses noms de fille, en y laissant ignorer son mariage.

Ses anciens maîtres, et notammment un sieur Viot, débitant de tabac, un sieur Macaire, commis, et les époux Trichon, limonadiers, rendent un témoignage honorable de sa probité. Ils l'ont toujours reconnue très-fidèle. D'après les renseignemens donnés par d'autres personnes, qui connurent également Henriette Cornier, elle était d'un caractère doux, et habituellement très-gaie, rieuse quelquefois à l'excès, et elle semblait même rechercher la joie et le plaisir. Il paraît aussi qu'elle aimait naturellement les enfans et les comblait de caresses.

Mais depuis son arrivée à Paris, Henriette Cornier s'était malheureusement détachée de tous sentimens religieux, et ses mœurs se dépravèrent. L'instruction et ses aveux établissent que depuis sa séparation avec son mari, elle a vécu avec plusieurs hommes, de l'un desquels elle eut deux enfans, qu'elle délaissa et qui furent transportés à l'hôpital. On peut toutefois présumer que depuis deux ans sa conduite était devenue meilleure, et que son libertinage avait entièrement cessé.

Au mois de juin dernier, elle entra chez les époux Trichon, où elle avait déjà servi pendant un an environ. On remarqua dès lors un changement assez sensible dans son caractère. Sa gaîté n'était plus la même. Elle riait encore quelquefois, mais on la voyait le plus souvent pousser des soupirs, montrer de la tristesse, et ce dernier sentiment parut bientôt la dominer tout-à-fait. Elle devint rêveuse, taciturne, et comme elle ne faisait plus exactement son service, elle fut renvoyée par ses maîtres.

Sa disposition à la mélancolie s'accroissant de jour en jour, elle tomba dans une sorte de stupeur permanente, dont sa cousine fut frappée et alarmée. En vain celle-ci cherchait à lui donner des consolations et à obtenir la confidence de ses peines; en vain elle multipliait les questions pour en connaître la cause. Elle soupçonna d'abord qu'Henriette pouvait être enceinte: mais celle-ci la détrompa tout en s'obstinant du reste à garder, sur la cause de sa profonde tristesse, un silence absolu.

Vers la fin du mois de septembre dernier, sur les sept heures du matin, Henriette Cornier arriva toute pâle et défaite chez les époux Cornier, et leur déclara qu'elle venait de tenter de se détruire en voulant se jeter dans la Seine par-dessus le Pont-au-Change; qu'elle était même montée sur le parapet du pont, mais qu'on l'avait empêchée d'exécuter son dessein en la menaçant de la faire arrêter. Un tel aveu engagea les époux Cornier à réitérer leurs instances pour connaître les chagrins de leur cousine, et les motifs qui l'avaient portée à cet acte de désespoir. Ils la pressèrent donc de s'expliquer, mais inutilement; elle persista dans son silence.

A la fin d'octobre suivant, elle entra dans un hôtel-garni tenu par les sieurs et dame Fournier, rue de la Pépinière, n. 52 bis. Ce changement de condition ne parut pas avoir fait diversion à sa tristesse ordinaire. La dame Cornier étant venue la voir chez ses maîtres le 3 novembre, la trouva encore sombre et mélancolique; elle se plaignait de prétendus ridicules qu'elle attribuait à la dame Fournier. Sa cousine ne parvint à la consoler qu'en promettant de lui chercher une place de bonne, qui devait mieux lui convenir, en raison de son inclination pour les enfans.

Dans la soirée du même jour, 3 novembre, la dame Fournier voyant Henriette encore plus oppressée qu'à l'ordinaire, la questionne avec intérêt sur les motifs du chagrin qu'elle paraissait concentrer. « Ah! oui, j'en ai un peu! » répondit la fille Cornier avec un accent qui semblait indiquer qu'elle en avait beaucoup. En vain la dame Fournier la pressa de lui en faire la confidence. Henriette ne lui parla que du malheur qu'elle avait eu de perdre, dès son enfance, ses père et mère, et des mauvais traitemens que pendant sa jeunesse elle avait endurés chez son tuteur.

Le lendemain, 4 novembre, la conduite d'Henriette, pendant la matinée, n'offrit rien d'extraordinaire, et cependant c'est vers midi qu'elle paraît avoir, pour la première fois, conçu l'idée et arrêté immédiatement le projet d'exécuter le crime qu'elle n'a pas tardé à consommer.

A une heure un quart, ses maîtres, en sortant, lui recommandèrent de préparer le dîner pour l'heure ordinaire, et la chargèrent d'aller acheter un morceau de fromage de Brie chez la femme Belon, fruitière, tenant boutique dans la maison contiguë. Ils laissèrent chez eux la fille Cornier, sans faire plus d'attention qu'auparavant à son air sérieux et taciturne.

Les époux Belon, tous deux âgés de trente-quatre ans, avaient deux enfans, dont un garçon, âgé de sept mois, qui était en nourrice, et une petite fille nommée Fanny, âgée de dix-neuf mois, qui était pleine de gentillesse et qu'ils élevaient dans leur maison. Il n'existait entre ces époux et la fille Cornier ni haine, ni inimitié, ni jalousie. On a remarqué que toutes les fois qu'elle venait dans la boutique pour y faire ses achats, elle se récriait sur la beauté de la petite Fanny, et se plaisait à la caresser. Aujourd'hui même encore elle déclare qu'elle aimait cet enfant, et cependant c'est cette petite fille qu'elle projeta tout-à-coup d'assassiner.

A peine ses maîtres étaient-ils sortis, qu'elle se rend dans la boutique des époux Belon, et y fait la commission de sa maîtresse en achetant pour trois sous de fromage. La petite Fanny était alors dans les bras de sa mère: Henriette la prend dans les siens avec mille témoignages de tendresse; elle la couvre de caresses; elle manifeste le regret de n'avoir pas le bonheur de posséder un enfant aussi aimable.

La femme Belon exprime alors le désir de profiter du beau temps pour aller promener sa chère petite Fanny: aussitôt Henriette prie la mère de la lui confier pendant que celle-ci va s'habiller, ajoutant que ses maîtres viennent de sortir et qu'elle *s'en amusera*.

Cette demande est repoussée par la mère, comme si par instinct elle eût soupçonné vaguement un danger. Mais son mari, plus confiant, l'exhorte à vaincre sa répugnance, et elle se décide à remettre sa fille dans les bras de Henriette Cornier, qui, de son aveu, s'apprêtait froidement, dans le moment même, à verser le sang de la jeune Fanny. Elle la reçoit avec sa tranquillité ordinaire, et elle lui prodigue, en se retirant, de nouveaux baisers. Revenue avec vitesse dans sa maison, elle entre dans sa cuisine, au rez-de-chaussée, y prend son grand couteau, et l'emporte avec l'enfant dans sa chambre, au premier étage au-dessus de l'entresol. Elle est rencontrée au pied de l'escalier par la femme Drouot, portière de la maison, et elle embrasse encore devant ce témoin la petite Fanny, qu'elle tient sous son bras. Enfin elle arrive à la chambre: là elle étend, sans plus tarder, l'enfant sur le dos, en travers de son lit, près du traversin. D'une main elle lui saisit la tête qui pendait sur le devant du lit, et de l'autre elle lui scie la tête avec tant de promptitude, que la victime n'a pas le temps de jeter un cri. Le corps reste sur le lit, la tête tombe dans la main de la fille Cornier, qui la porte près de la croisée. Le sang jaillit sur elle; il se répand en abondance sur le lit, et tombe aussi dans un vase de nuit placé près de ce lit sous le tronc du corps, comme s'il eût été ainsi disposé d'avance pour le recueillir. Henriette Cornier prend ensuite le cadavre et le dépose sur le carreau, non loin de l'endroit où elle venait de placer la tête.

Dans les apprêts de son crime, au moment même où elle le consomma, et au milieu des dispositions qui l'ont suivi, Henriette Cornier n'a, de son propre aveu, ressenti aucune émotion; et, pour parler un moment son langage, « elle n'a éprouvé
» aucun sentiment d'horreur, bien que ces divers actes l'aient
» occupée pendant près d'un quart-d'heure. Elle était de sang-
» froid, tranquille et nullement agitée. Elle n'a éprouvé ni

» plaisir, ni peine, et néanmoins ce n'était pas machinalement
» qu'elle agissait, c'était avec discernement. »

Cependant il paraît qu'après ces premiers momens d'insensibilité absolue, la vue du sang qui coulait avec abondance avait commencé à faire sur elle une impression du moins passagère. « Elle a tremblé, dit-elle, en apprenant qu'on allait la tuer. » Elle ressentit un mouvement d'effroi par l'effet d'un retour involontaire sur elle-même. Elle n'a eu peur, comme elle l'explique, *qu'après que cela a été fait*; et cette frayeur, qui fut de courte durée, la porta à se réfugier un moment dans la chambre de ses maîtres, qui se trouve sur le même corridor : mais elle en sortit bientôt, un peu plus assurée, et rentra dans la sienne.

Il était alors près de deux heures. La femme Belon arrivait dans la maison pour reprendre sa petite fille, et du bas de l'escalier elle appelait Henriette, dont elle ne connaissait pas la chambre. « Que me voulez-vous ? » lui répondit tranquillement celle-ci en s'avançant sur le pallier. « Je viens chercher mon enfant; donnez-le-moi, » dit en montant la femme Belon. « Il est mort, votre enfant, » répliqua la fille Cornier, toujours aussi tranquillement, et en même temps elle se plaçait devant la porte de sa chambre comme pour en défendre l'entrée. Là, sur les nouvelles instances de la mère, qui croyait qu'elle plaisantait, elle répéta ces foudroyantes paroles : « Il est mort, votre enfant. »

Alors la femme Belon, alarmée, la poussa pour pénétrer dans la chambre, et presque aussitôt s'offrit à ses yeux l'horrible spectacle des restes mutilés de sa fille. Elle jette un cri de douleur, et Henriette Cornier s'écrie à l'instant : « Sauvez-vous, vous servirez de témoin. » Puis, ramassant sur le carreau la tête qu'elle y avait déposée, elle la jette dans la rue par la fenêtre.

Cependant la mère éperdue se sauvait chez elle en poussant des cris affreux, et apprenait à son mari cette affreuse nouvelle. Celui-ci, la croyant à peine, sort précipitamment de sa boutique, et le premier objet qui frappe ses regards, est la tête de son enfant qu'une voiture avait failli écraser dans le ruisseau. Il la ramasse, la couvre de baisers et la rapporte dans sa maison.

Pendant cette scène déchirante, et tandis qu'on s'empressait de fermer l'entrée de la maison où le crime venait d'être commis, Henriette Cornier, loin de chercher à fuir, s'était assise sur une chaise près de son lit, non loin du cadavre. On l'entendit, dans les premiers momens, s'écrier en levant les mains au ciel : Je suis une femme perdue ! Le commissaire de police, arrivé peu de temps après, la trouva dans un état d'accablement et de stupeur qui s'est presque constamment prolongé pendant tout le cours de l'instruction. Le couteau était près d'elle; ses vêtemens et ses mains étaient encore teints de sang. Elle ne nia pas un seul instant qu'elle ne fût l'auteur de l'assassinat : elle en confessa même toutes les circonstances, notamment celle de la préméditation, et elle avoua la perfidie avec laquelle elle avait cherché à inspirer à la mère une confiance aveugle par les caresses prodiguées à son enfant quelques instans avant de lui ôter la vie.

En vain chercha-t-on à faire horreur à Henriette Cornier d'un crime aussi révoltant; en vain voulut-on d'abord attribuer à ses remords son état d'accablement. Les efforts qu'on multiplie pour provoquer en elle quelque émotion lui sont importuns, et elle les repousse par ces mots brusquement prononcés : J'ai voulu la tuer.

Interpellée alors sur le motif si puissant qui a pu donner tant d'énergie à sa volonté, et qui détruit en elle jusqu'au repentir, elle répond qu'elle n'a pas eu de raison particulière pour commettre cet assassinat, et qu'elle ne peut en indiquer une quelconque. Pressée davantage, elle déclare que c'est une idée qui lui a pris comme cela, qu'elle l'a exécutée, que c'était sa destinée.

Ce n'est cependant pas dans la vue d'atténuer sa culpabilité qu'elle tient un pareil langage, car, sommée de nouveau de répéter ses motifs et de ne pas s'opiniâtrer à faire des réponses dont l'invraisemblance prouve le mensonge, et qui par-là même aggravent sa position, elle déclare qu'elle ne peut devenir plus coupable qu'elle ne l'est effectivement. On lui demande pourquoi elle a jeté la tête par la fenêtre? Elle répond que c'était pour qu'on la vît et qu'on montât aussitôt. On insiste et on lui demande pourquoi elle voulait qu'on vît cette tête? Elle répond : Pour qu'on fût bien assuré, en montant dans la chambre, qu'elle seule était coupable.

Fouillée après le crime, elle a été trouvée en possession d'une somme de 20 fr. que son frère lui avait donnée; elle n'était donc pas dans le besoin. D'un autre côté, les hommes de l'art appelés sur les lieux n'ont remarqué en elle aucun signe de démence. Ses réponses se suivaient d'ailleurs parfaitement, et quoique faites péniblement à voie basse, elles étaient cohérentes et paisibles. Tout en elle était calme : son pouls était réglé, et on n'apercevait en sa personne qu'un accablement continuel. On supposa un moment qu'elle pouvait être enceinte, mais on fut bientôt détrompé.

L'accusée a comparu aujourd'hui devant la cour d'assises. Elle est fortement constituée, mais d'une taille peu élevée; ses yeux sont petits et fixes, ses traits immobiles, son teint coloré, un mouvement nerveux et involontaire agite ses membres. Sa tête est couverte d'un mouchoir de couleur, sa mise est négligée. Tout son maintien annonce une insensibilité complète.

Avant la séance, on avait distribué à MM. les jurés et aux juges une consultation du docteur Marc, qui attribue à la seule démence le crime dont cette femme est accusée.

Placée d'abord sur le banc des accusés, elle est ensuite amenée sur un siège préparé pour elle dans la partie la plus élevée, et près de la cour et des jurés. Le président, M. Jacquinot-Godard, l'interroge. *D.* Comment vous nommez-vous? — *R.* Cornier. — *D.* Vos prénoms? — *R.* Madeleine-Henriette. — *D.* N'êtes-vous pas mariée? — Après un moment de silence elle répond Oui. — *D.* Comment s'appelle votre mari? — *R.* Berton.... M. le président demande quels sont les conseils de l'accusée. M^e. Gauthier-Biauzat se lève, et répond qu'il s'est adjoint M^e. Fournier.

M. le président. Femme Berton, consentez-vous à ce que M^e. Fournier s'adjoigne à votre défenseur? — *R.* Oui.

Le greffier lit l'arrêt de renvoi et l'acte d'accusation.

M. le président. Femme Berton, il résulte des pièces dont vous venez d'entendre la lecture, que vous auriez, volontairement et avec préméditation, donné la mort à Fanny Belon, âgée de dix-neuf mois, enfant des sieur et dame Belon.

L'accusée reste plongée dans une profonde stupeur.

Les huissiers appellent quinze témoins, cités à la requête du ministère public, et six à la requête de l'accusée.

M. Bayeux, remplissant les fonctions d'avocat-général, expose que MM. Adelon, Esquirol et L'Eveillé, docteurs en médecine, appelés, par ordonnance de M. le président, à prononcer sur une requête présentée au nom de l'accusée, par son frère, et tendant à décider si l'état moral de la femme Berton permet qu'elle soit mise en jugement, n'ont pas eu le temps nécessaire pour cet examen, et conclut à ce que la cause soit renvoyée à une session prochaine.

M^e. Gauthier-Biauzat demande que l'accusée soit jugée immédiatement.

La cour, après trois quarts-d'heure de délibération, a rendu l'arrêt suivant:

» Considérant que par leur rapport du 20 février, MM. Esquirol, L'Eveillé et Adelon déclarent que, malgré toute leur attention, ils n'ont pu découvrir dans la femme Berton aucun signe propre à caractériser une espèce quelconque d'aliénation mentale, et qu'ils ne se trouvent pas suffisamment éclairés pour affirmer qu'il n'existe actuellement aucun désordre dans l'état moral de l'accusée.

» Considérant que la mesure proposée par l'accusée, ou pour elle dans son intérêt, et admise par l'ordonnance du 21 février courant, pour vérifier l'état moral de l'accusée, n'a pas été complètement exécutée.

» Statuant sur les réquisitoires du ministère public, renvoie la cause à une autre session.

L'accusée est ramenée à la Conciergerie.

28. — Le journal des Débats publie aujourd'hui l'article suivant:

Pétersbourg, 11 *février*. — La commission d'enquête instituée par l'empereur à la suite des événemens du 26 décembre, sans avoir encore pu atteindre le terme de ses travaux, est néanmoins déjà parvenue à constater une série de faits qui indique l'origine, le développement et les diverses formes des associations secrètes dont les affreux desseins, s'ils avaient pu s'accomplir, auraient produit en Russie de grands crimes et de grands malheurs. Nous allons offrir un résumé succinct et préliminaire de ces faits, puisés tous dans les interrogatoires et les aveux mêmes des coupables.

Il résulte de leurs révélations :

1°. Qu'ils travaillèrent à former, vers la fin de l'année 1815 et au commencement de 1816, une association secrète qui devait se subdiviser en fractions nombreuses, et qui avait un double but. Son objet patent était la bienfaisance, et son objet véritable, connu d'un très-petit nombre d'initiés, une réforme politique dans l'empire.

2°. Que dès l'année 1817, ceux-ci, pour première preuve des intentions qui les animaient, délibérèrent à Moscou sur les moyens d'attenter au jours de l'empereur Alexandre, dans le moment où ce monarque vint avec sa famille auguste visiter cette capitale, dont ses exploits et sa munificence avaient relevé les ruines. La vie d'un souverain adoré leur paraissait un obstacle invincible à l'exécution de leurs projets ; ils voulurent décider entre eux, par la voie du sort, qui serait son assassin, lorsqu'un des conjurés s'offrit spontanément à le devenir. Mais, soit qu'à l'instant décisif un dernier cri de leur conscience les ait frappés de terreur, soit qu'ils crussent nécessaire de mieux mûrir leurs plans de subversion générale, ils résolurent d'ajourner ce parricide.

3°. Qu'en 1818, trouvant que leur association ne prenait pas une extension suffisante, ils s'assemblèrent de rechef à Moscou, et lui donnèrent une organisation nouvelle sous le nom de *société d'amis du bien public* ou *du livre vert*. Cette société continua d'avoir un double objet ; mais tous ses membres ne devaient plus seulement participer à des actes de charité ; ils étaient tenus de contribuer aux progrès des lumières et à l'amélioration des mœurs. La réforme politique resta le secret des chefs, qui s'efforcèrent d'y préparer les esprits ; et, dans ce dessein, de multiplier autant que possible le nombre de leurs adeptes.

4°. Qu'en 1821, il fut avéré par eux que ces mesures n'avaient pas encore répondu à leur attente ; qu'ils tinrent alors un troisième conciliabule à Moscou, auquel se rendirent des députés de toutes les sections de la société, mais où les avis se divisèrent, et que les chefs s'étant assurés que la majorité des membres désapprouvaient leurs vues politiques, énoncèrent, pour les écarter, la proposition de dissoudre l'association elle-même, proposition que les uns adoptèrent de bonne foi, et que d'autres firent semblant d'accueillir. Depuis lors, la plupart des individus qui avaient appartenu à la société en question, ont effectivement cessé d'en faire partie.

5°. Que cependant, des débris de cette société, les vrais conspirateurs en formèrent de nouvelles, où les initiations n'eurent lieu qu'avec des précautions extrêmes, et dont les rapports réciproques furent enveloppés avec soin du plus profond mystère.

6°. Qu'à dater de ce moment, s'établirent deux associations principales sous le nom d'*associations du nord et du midi*, dont les comités directeurs siégeaient à Pétersbourg et à Toulezin, et desquelles dépendaient d'autres comités qui prenaient le titre de *juridictions d'arrondissemens*; mais que par la suite il se forma encore une troisième société sous le nom de *Slaves réunis*, avec laquelle deux membres de l'association du midi se trouvaient en relations intimes.

7°. Que les chefs de ces associations unissant leurs efforts, conçurent à cette même époque l'idée d'opérer un mouvement révolutionnaire par le moyen de l'armée, et que pour cet objet ils cherchèrent à s'affilier surtout des militaires et des chefs de compagnies et de régimens.

8°. Que dans les associations dont il s'agit, des plans divers de réforme furent proposés, selon les vues et les intérêts personnels de leurs membres; que les uns voulaient établir un gouvernement où l'autorité suprême aurait été concentrée dans un *triumvirat* dont ils se flattaient de faire partie; que d'autres prétendaient partager la Russie en plusieurs administrations indépendantes, mais réunies par un lien fédéral, qui auraient été appelées états, et dont ils espéraient se constituer les chefs; que d'autres encore songeaient à détacher diverses provinces de l'empire, soit pour leur donner une complète indépendance, soit pour les céder aux puissances voisines.

9°. Que dans cette confusion d'idées, dans ce choc d'ambitions isolées, aussi aveugles que criminelles, aucun plan définitif ne fut adopté, mais que quelques-uns des principaux conspirateurs firent revivre l'horrible projet qu'ils avaient conçu en 1817, d'attenter aux jours de l'empereur Alexandre, de glorieuse mémoire.

10°. Que, même en 1825, deux des membres de ces associations secrètes voulurent mettre à exécution cet affreux complot; qu'ils se rendirent pour cela à Bobronisck, où devait passer l'empereur, mais que la non apparition de leurs complices les empêcha de tenter le crime qu'ils méditaient.

11°. Qu'en 1825, ce même crime fut encore une fois résolu; qu'un homme comblé des bienfaits de l'empereur fut celui qui manifesta avec force le désir de l'assassiner; qu'il voulut rejeter tout ajournement; qu'il fut décidé alors que des régicides seraient envoyés à Taganrog, où séjournait S. M. I.; que ces régicides se trouvèrent parmi des membres de la société des *Slaves réunis*, et que néanmoins, après des délibérations nouvelles, il fut convenu que l'empereur Alexandre ne serait assassiné qu'au mois de mai 1826, époque où les conjurés supposaient qu'il ferait une revue de troupes aux environs de Bélu-Tserkoff.

12°. Qu'enfin un autre scélérat forcené arriva des extrémités de la Russie à Saint-Pétersbourg dans l'automne de 1825, et que s'étant affilié à l'association du nord, il lui offrit son bras pour assassiner l'empereur.

13°. Que lorsqu'une courte et cruelle maladie accomplissant les impénétrables décrets de la Providence divine, priva la Russie d'un souverain et d'un père, les conjurés conçurent de nouveaux plans de subversion; que les premières victimes désignées furent tous les membres de la famille impériale; qu'ils devaient être immolés en même temps, et que des soulèvemens devaient s'opérer à-la-fois à Saint-Pétersbourg, à Moscou et dans plusieurs cantonnemens de l'armée.

Les hommes indignes du nom de Russes, qui méditaient ces desseins, se trompaient étrangement, et sur l'étendue de leurs moyens, qui étaient nuls, et sur la possibilité de la révolte qu'ils croyaient avoir préparée. Leur tentative du 26 décembre à Saint-Pétersbourg et celle de Mouravieff-Apostol aux environs de Kioff, ont prouvé que dans aucune classe de la nation ils ne pouvaient compter sur la moindre assistance, car le peu de soldats et même quelques-uns des officiers qui les ont suivis, n'étaient que trompés et croyaient combattre pour la foi de leurs sermens; elles ont prouvé que de pareils complots, quand même la combinaison en aurait été moins absurde, ne pouvaient atteindre leur but en Russie.

Nous le répétons, le nombre des conspirateurs et surtout celui des grands criminels est peu considérable. Toutes les associations secrètes qu'ils avaient établies, sont connues: tous les projets qu'avaient enfantés leur aveuglement ou leur scélératesse, révélés; tous les moyens dont ils devaient se servir pour les exécuter, découverts: et, ainsi que nous avons déjà eu occasion de l'annoncer, des distinctions importantes s'indiquent en quelque sorte d'elle-mêmes parmi les prévenus qu'examine la commission d'enquête.

Au reste, le terme de ses travaux n'est plus éloigné, et nous nous empressons d'ajouter qu'elle a ordre de signaler à l'empereur, sans le moindre délai, tous les individus arrêtés par suite d'un concours fortuit de circonstances, sur des soupçons qui ne se trouvent pas fondés, et que S. M. I. fait aussitôt elle-même remettre ces individus en liberté.

DÉBATS DES CHAMBRES. — Nous avons fait remarquer dans un précédent article (*voyez* 1er février), que les premières séances étaient spécialement consacrées à l'organisation des bureaux, nous réunirons dans une seule série les travaux des deux chambres, depuis la présentation des nouveaux projets de loi, présentés à chacune d'elles à la clôture des débats.

Chambre des pairs. — La Chambre s'est réunie à une heure.

M. le garde-des-sceaux a présenté à l'assemblée : 1°. un projet de loi sur la répression des contraventions, des délits et des crimes commis par des Français dans les échelles du Levant et de Barbarie ; 2°. un projet de loi sur les successions et les substitutions.

La Chambre a ordonné l'impression de ces projets et des motifs exposés par M. le garde-des-sceaux.

Elle se réunira mardi prochain pour l'examen de ces mêmes projets.

— Voici le texte du second projet de loi, présenté aujourd'hui à la Chambre des pairs par M. le garde-des-sceaux :

« Charles, etc.

« A tous ceux qui ces présentes verront, salut.

» Nous avons ordonné et ordonnons que le projet de loi dont la teneur suit, sera présenté, en notre nom, à la Chambre des pairs, par notre garde-des-sceaux, ministre secrétaire-d'état au département de la justice, que nous chargeons d'en exposer les motifs et d'en soutenir la discussion.

» Art. 1er. Dans toute succession déférée à la ligne directe descendante, et payant 300 francs d'impôt foncier, si le défunt n'a pas disposé de la quotité disponible, cette quotité sera attribuée, à titre de préciput légal, au premier né des enfans mâles du propriétaire décédé.

» Si le défunt a disposé d'une partie de la quotité disponible, le préciput légal se composera de la partie de cette quotité dont il n'aura pas disposé.

» Le préciput légal sera prélevé sur les immeubles de la succession, et en cas d'insuffisance, sur les biens meubles.

» 2. Les dispositions des deux premiers paragraphes de l'article qui précède, cesseront d'avoir leur effet lorsque le défunt en aura formellement exprimé la volonté par acte entre-vifs ou par testament.

» 3. Les biens dont il est permis de disposer, aux termes des articles 913, 915 et 916 du Code civil, pourront être donnés, en tout ou en partie, par acte entre-vifs ou testamentaire, avec la charge de les rendre à un ou plusieurs enfans du donataire, nés ou à naître, jusqu'au 2e. degré inclusivement.

» Seront observés, pour l'exécution de cette disposition, les articles 1051 et suivans du Code civil, jusques et y compris l'article 1074.

» Donné à Paris, en notre château des Tuileries, le 5 février de l'an de grâce 1826, et de notre règne le 2e. Charles. »

14. — Le ministre de l'intérieur a présenté de nouveau le projet de loi sur l'établissement des écoles secondaires de médecine, dont la clôture de la dernière session avait empêché la discussion.

La Chambre a nommé ensuite deux commissions spéciales, l'une de cinq membres pour l'examen du projet de loi relatif à la répression des crimes et délits commis par des Français dans les échelles du Levant, et l'autre de sept membres, pour l'examen du projet de loi relatif aux successions et substitutions.

La première commission se compose de MM. Portal, de Sèze, de Rivière, Tournon et d'Orvilliers.

La seconde de MM. Laîné, Malleville, Levis, Lally-Tollendal, Matthieu Montmorency, d'Herbouville et de La Forest.

11. — CHAMBRES DES DÉPUTÉS. — M. le ministre des finances après l'exposé des motifs, présente à la Chambre plusieurs projets de loi de finances.

Le premier est relatif à la fixation définitive du budjet de 1824; le second, à la fixation du budjet de 1825; le troisième, à l'aperçu des dépenses de 1826; le quatrième, est la loi des finances de 1827. Les dépenses de la dette consolidée pour ce dernier exercice sont fixées à 238,840,121 francs.

Des crédits sont ouverts jusqu'à concurrence de 676 millions 938,921 fr. pour les dépenses générales du même exercice.

Le budget des recettes est évalué, pour 1827, à la somme de 916 millions 608,754 francs.

La chambre donne acte aux ministres du roi des projets de loi des finances : ordonne qu'ils seront imprimés et distribués, et en renvoie la discussion préparatoire dans les bureaux.

Le ministre des finances, qui était resté à la tribune, lit ensuite le projet de loi relatif à l'indemnité des colons de Saint-Domingue. Après avoir exposé que le roi avait le droit de faire l'*acte souverain* du 17 avril, il donne lecture de la loi proposée, dont M. le conseiller Cornet-d'Incourt est chargé de soutenir la discussion.

« Art. 1er. La somme de 150,000,000 fr. affectée par l'ordonnance du 17 avril 1825, aux anciens colons de Saint-Domingue, sera répartie entre eux intégralement et sans aucune déduction, au profit de l'Etat, pour les propriétés publiques qui lui appartenaient, ainsi que pour les propriétés particulières qui lui seraient échues par déshérence.

» 2. Seront admis à réclamer l'indemnité énoncée dans l'article précédent, les anciens propriétaires des biens-fonds situés à Saint-Domingue, ainsi que leurs héritiers, légataires, donataires ou ayans-cause. Les répudiations d'hérédité ne pourront être opposées aux réclamans, si ce n'est par les héritiers qui auraient accepté. La mort civile résultant des lois sur l'émigration ne pourra non plus leur être opposée.

» 3. Dans aucun cas les individus ayant la faculté d'exercer le droit de propriété dans l'île de Saint-Domingue ne seront admis à réclamer l'indemnité, soit en leur nom propre, soit comme héritiers, ou représentans de personnes qui auraient été habiles à réclamer.

» 4. Les réclamations seront formées, à peine de déchéance, savoir :

» Dans le délai d'un an par les habitans du royaume ;

» Dans le délai de dix-huit mois par ceux qui habitent dans les autres états de l'Europe ;

» Dans le délai de deux ans par ceux qui demeurent hors de l'Europe.

» Ces délais courront du jour de la promulgation de la présente loi.

» 5. Il ne sera perçu aucun droit de succession sur l'indemnité attribuée aux anciens colons de Saint-Domingue.

» Les titres et actes de tous genres qui seraient produits par les propriétaires ou leurs créanciers, pour justifier de leurs droits, seront dispensés de l'enregistrement et du timbre.

» 6. La répartition de l'indemnité sera faite par une commission spéciale nommée par le roi. Cette commission sera divisée en trois sections.

» En cas d'appel, les deux sections qui n'auront pas rendu la décision, se réuniront et se formeront en commission d'appel pour statuer.

» 7. La commission fixera d'après les actes et documens qui seront produits devant elle, et même par voie d'enquête, s'il y a lieu, la valeur qu'avaient, en 1789, les immeubles donnant lieu à l'indemnité.

» L'indemnité sera du dixième de cette valeur.

» 8. Il y aura près de la commission un commissaire du roi, chargé de requérir le renvoi devant les tribunaux du jugement des questions d'état ou de propriété qui seraient ou pourraient être opposées aux réclamans ; de proposer dans chaque affaire, et spécialement sur la valeur attribuée aux immeubles et sur la quotité des indemnités réclamées, toutes les réquisitions qu'il jugera utiles aux intérêts de la masse ; d'agir et de procéder, en se conformant aux lois, partout où il y aura lieu, pour la conservation de ses intérêts, et d'interjeter appel des décisions rendues par les sections qui lui paraîtraient blesser ces intérêts.

» 9. L'indemnité sera délivrée aux réclamans par cinquième, et d'année en année.

» Chaque cinquième portera intérêt, conformément à l'article 14 de l'ordonnance du 3 juillet 1816, après que la partie correspondante des 150 millions affectés à l'indemnité totale, aura été versée dans la caisse des dépôts et consignations.

» L'excédant ou le déficit, s'il y en a, lorsque la liquidation aura été terminée, accroîtra ou diminuera la répartition des

derniers cinquièmes, au centime le franc, des indemnités liquidées.
» 10. Les créanciers des colons de Saint-Domingue ne pourront former saisie-arrêt sur l'indemnité que pour un dixième du capital de leur créance.
» 11. Lorsqu'il s'élèvera des contestations entre divers prétendans droit à la succession d'un colon qui n'avait pas de domicile en France, et qui n'y est pas décédé, elles seront attribuées au tribunal du domicile du défendeur, et, s'il y en a plusieurs, au tribunal du domicile de l'un d'eux, au choix du demandeur. »

M. Casimir Perrier, qui déjà avait demandé la parole, insiste pour l'obtenir.

M. le président refuse, sur le motif que le réglement interdit les propositions d'ordre.

M. Perrier obtient enfin la parole ; et après avoir expliqué avec une énergique concision l'importance et la justice de sa réclamation, il termine ainsi :

» Je demande que l'on mette sous les yeux de la chambre le tableau des opérations de la caisse des consignations et dépôts jusqu'à ce jour, et notamment des opérations relatives à Saint-Domingue : on y trouvera des documens qui établissent un prêt de dix ou douze millions, qui aurait été fait au taux de trois et demi à la compagnie qui a souscrit pour l'emprunt de Saint-Domingue.

» Je demande, de plus, que les observations qui ont été faites par la commission de surveillance de la caisse d'amortissement au directeur général, en vertu de l'article 113 de la loi des finances de 1817, soient également mises sous les yeux de la chambre.

» Je demande que M. le ministre dépose également sur le bureau l'ordonnance qui a créé le syndicat : qu'il vous présente le détail de toutes les opérations des receveurs généraux, et le montant des sommes qui ont été employées à soutenir le crédit public. »

Le ministre tâche de répondre aux observations de M. Casimir Perrier ; mais sans dire un mot du prêt fait à la compagnie qui a fourni l'emprunt de Saint-Domingue.

M. Sébastiani faisait remarquer cette omission, quand M. le président donne la parole à M. Saint-Cricq, président du bureau de commerce, qui expose les motifs et le texte du projet de loi des douanes.

La séance est levée sans ajournement fixe.

Les discussions préalables prises dans les bureaux ont été établies par le réglement pour préparer les discussions en séance publique, et en abréger la durée ; mais une longue expérience n'a-t-elle pas démontré que c'était aussi un moyen de faire connaître aux agens du pouvoir, l'opinion personnelle de chaque député, et les résultats futurs du scrutin. L'indépendance des opinions n'est-elle pas blessée par cette mesure réglementaire ? et n'est-il pas également prouvé que les discussions publiques n'en sont ni moins longues ni moins orageuses.

Cet examen préparatoire a retenu la chambre dans ses bureaux depuis le 11 jusqu'au 20.

20 — Le ministre de l'intérieur présente deux projets de lois. Le premier a pour but d'autoriser le département du Nord à s'imposer extraordinairement de deux centimes additionnels sur les contributions directes, pour la construction d'un palais de justice : le second, d'autoriser la ville de Bordeaux à s'imposer de quatre centimes pour des réparations locales.

La pétition de M. Richart, de Colmar, qui réclame les loyers d'une maison qu'il a louée au préfet du Haut-Rhin, pour loger un lieutenant général autrichien en 1815. Renvoyé aux ministres de l'intérieur et de la guerre ; celle de M. Rurol, d'Orléans, pour l'abolition de la peine de la marque, et d'autres pétitions peu importantes sont écartées par l'ordre du jour, qui est le développement des propositions faites dans les bureaux.

Celle de M. Fournas tend à modifier plusieurs articles du réglement de la chambre. Toutes ces diverses modifications proposées par l'honorable membre sont rejetées. La première était ainsi conçue : « Excepté dans les discussions générales sur les projets de loi et les propositions, nul discours écrit ne pourra être lu à la chambre ; des notes seules pourront être consultées. »

A cette même séance du 20, M. Sallaberry fit une proposition plus grave, et qui a donné lieu à des débats très-animés et tout-à-fait imprévus.

« Avant de commencer vos travaux législatifs, a dit M. Sallaberry, je viens vous prier de me permettre de remplir un devoir. Je réclame solennellement et légalement, en vertu des articles 2 et 15 de la loi du 25 mars 1823, la juste punition des offenses de quelques folliculaires qui exploitent, non la liberté, mais la licence, en essayant de deverser le mépris et la calomnie sur l'un des trois pouvoirs de l'État.

La session de 1826 s'est ouverte sous d'heureux auspices, puisque nous sommes en pouvoir de remplir les vœux des hommes de bien. Ce sont là nos devoirs, et nous nous en sommes toujours acquittés ; mais il y a en France quelques hommes qui méconnaissent les leurs ; ils outragent la chambre des députés. Membres de la chambre, j'appelle sur eux toute votre sévérité, non pour ce qu'ils osent sous vos yeux, mais pour ce qu'ils ont osé dans l'intervalle de la dernière session à celle qui commence.

Je n'articulerai pas à leur charge leurs attentats contre le gouvernement du roi ; attentats dont nous aurons bientôt à nous occuper, je l'espère ; je n'articulerai que les outrages à la dignité de la chambre, outrages qui tendraient à vous dégrader, à vous avilir, si vous aviez la faiblesse de les souffrir sans les reprimer.

Un profond et vertueux jurisconsulte a défini la liberté de la presse : le droit de publier impunément la vérité avec bonne foi et dans des intentions innocentes. Vous jugerez, Messieurs, si c'est là ce qu'a fait un journal qui a osé dire ce qui suit dans sa feuille du 7 décembre 1825. Cet article est extrait du *Journal du Commerce* ; le voici :

« Nous avons dit que le ministère n'avait rencontré jusqu'ici
» aucun contrôle dans les autres corps de l'état : chacun sent
» pourquoi. Celui dont le public devait attendre une protection
» spéciale, quoiqu'armé d'immenses pouvoirs, ne s'en est servi
» qu'au profit d'intérêts personnels, qui malheureusement se sont
» trouvés en concurrence avec ceux du pays. Cela seul eût rendu
» ce corps inhabile à remplir ses fonctions légales, si sa compo-
» sition et les accusations dont il est chaque jour l'objet, n'affai-
» blissaient pas singulièrement le crédit dont il aurait besoin pour
» accomplir sa mission. Dans son état actuel, il n'est plus guère
» qu'un embarras pour le ministère, aussi bien que pour la na-
» tion. »

La même feuille a dit, le 11 décembre, qu'il n'était pas étonnant que les membres de cette chambre fussent considérés
comme des protecteurs par les gens de cour et les serviteurs de
l'administration, que sa composition, son organisation, faisaient
de tous autant de tuteurs naturels et légitimes des courtisans et
des commis ; et pour qu'il soit plus clair que c'est de la chambre
en corps qu'il entend parler, le journaliste ajoute : « Quand nous
» parlons de la chambre des députés, c'est comme corps politi-
» que ; nous n'attaquons pas les membres comme citoyens. »

Je m'arrête, Messieurs ; je pourrais multiplier ces citations ;
mais elles suffisent pour prouver que vous devez sévir contre la
licence de la pensée écrite, seule licence qui existe aujourd'hui,
mais dont pourraient renaître toutes les autres.

Je demande que le rédacteur du *Journal du Commerce* soit
cité à la barre de la chambre, et puni du *maximum* de la peine
portée à l'article 15 de la loi du 25 mars 1823.

Plusieurs voix. — Appuyé !

M. *le président :* Cette proposition est-elle appuyée ? — (Oui!).

M. *de Lézardières* demande la parole contre. Messieurs, dit-
il, c'est dans l'intérêt de la dignité de la chambre qu'on vous
demande de diriger une poursuite contre un journal ; c'est aussi
dans l'intérêt de cette dignité que je m'y oppose. Une telle poursuite me paraîtrait en effet bien au-dessous de vous. (Mouvemens en sens divers.)

Qu'un journal appartenant à une opinion la défende d'une
manière répréhensible, et qu'alors les tribunaux l'en punissent,
je le conçois ; mais que la chambre le cite à sa barre pour quelques bouts de phrases, c'est à quoi je répugne fortement. Rappelez-vous que la chambre des pairs cita, il y a quelques années,
devant elle, un journal dont la couleur alors très-prononcée
d'opposition a changé depuis. C'était au sujet d'un article assez
piquant dirigé moins contre les pairs eux-mêmes que contre le
président du conseil. Le résultat de cette poursuite fut un faible
châtiment, et ne remplit pas le but qu'on s'était proposé. Tout
le monde sait quels brocards furent lancés contre ceux qui l'a-

vaient provoquée. Une poursuite semblable serait donc nuisible à la dignité de la chambre, et je crois qu'elle doit être rejetée.

M. Blangy appuie la proposition de M. Sallaberry.

M. Benjamin Constant soutient que le réglement s'oppose à ce que la Chambre admette immédiatement cette proposition. Le réglement, dit-il, dispose formellement que toute proposition qui n'aura pas trait à une adresse au Roi, ou à une proposition de loi devra être déposée sur le bureau vingt-quatre heures avant d'être discutée et distribuée préalablement dans les bureaux.

M. le président fait observer que cet article n'est pas applicable au cas prévu par la loi du 25 mars 1823 : il cite quelques précédens exemples.

M. Chifflet s'oppose à l'ajournement.

L'ajournement au lendemain est néanmoins adopté à la presque unanimité.

L'impression des pièces incriminées vivement combattue, est ordonnée.

M. Fournas expose ensuite des propositions relatives au changement de quelques articles du réglement et à quelques additions. La séance est levée à cinq heures moins un quart.

21. — La question sur laquelle la chambre allait prononcer était aussi délicate qu'importante : elle était juge dans sa propre cause. Les articles incriminés du *Journal du Commerce* appartenaient à une époque déjà éloignée. Les chambres n'étaient point assemblées ; il dépendait de l'autorité royale de convoquer ou de dissoudre la chambre élective. Un journal de l'opposition constitutionnelle avait-il le droit de publier son opinion sur les élémens dont cette Chambre était composée ? « Lorsque, hier, a dit M. Méchin, est tombée subitement au milieu de cette chambre la réclamation d'un de nos collègues contre un article du *Journal du Commerce*, j'ai cru qu'il allait nous déférer une offense récente qui aurait excité son indignation patriotique. La Chambre m'a semblé d'abord partager mon opinion par la vivacité avec laquelle elle a accueilli la plainte.

»Mais l'article dénoncé est du 7 décembre 1825 ; il était passé inaperçu de presque tous les membres de cette assemblée ; et si, dans ce temps, il y a trois mois, il a été lu par quelques-uns de nous, certes, il avait fait sur eux une impression bien fugitive.......... Ce retour sur un écrit qui a déjà trois mois de date a trop l'air d'une recherche faite dans l'intérêt du besoin d'une attaque, d'une récrimination, d'une provocation à des mesures, qui pour jamais aliéneraient de vous cette opinion dont vous recherchez l'appui nécessaire. Les accusations de la nature de celle dont il s'agit doivent être faites *delicto flagrante*. »

L'orateur, interrompu par quelques exclamations à droite, continue :

«....Le secret de cette affaire nous est révélé; c'est un épisode d'un grand système, d'un plan combiné, qui se prouve par ce qui se passe hors du royaume, et même par ce qui s'est passé déjà dans cette chambre, et dont nous avons entendu hier l'aveu naïf. Les esprits sont encore vivement frappés des phrases qui ont terminé votre adresse, et non moins frappés qu'émus de reconnaissance et de respect de la réponse qu'elle a reçue. Cette réponse a fait ajourner des démarches imminentes, et il a fallu trouver les moyens de rentrer dans la route que l'on avait été forcé de quitter. Trois victimes ont été présentées; une seule l'a été pour le moment.....

«....C'est contre la liberté de la presse, et surtout de la presse périodique, que se dirigent les premières attaques..... Le moment est venu, où tous ceux qui ont une juste horreur du pouvoir absolu et de l'arbitraire ministériel, doivent se réunir pour combattre et vaincre; car les novateurs les plus dangereux sont ceux qui veulent ébranler le terrain constitutionnel..... Chassons de nos discours ces mots de *licence effrénée*, qui s'applique si mal à un peuple laborieux et tranquille; *d'impiété*, que dément la foule, qui plus que jamais remplit nos temples; *de perversité*, quand les mœurs domestiques sont en honneur, et que le bonheur des familles justifie la bonté de nos lois nouvelles: mais, hélas! elles ne sont pas à l'abri des novateurs rétrogrades que je signale..... La brèche est ouverte, ils précipitent leurs coups.»

L'orateur se fait ensuite cette question: Y a-t-il délit dans les articles incriminés?... C'est à nous, dit-il, avec sévérité, c'est à nous, en mettant la main sur la conscience, à nous interroger secrètement: n'est-il pas vrai que les garanties constitutionnelles n'ont pas trouvé de défenseurs dans le corps chargé spécialement de leur conservation? Le reproche est dur; mais nos actes sont du domaine de l'opinion publique comme les autres. Il y a là ou une vérité austère, ou une accusation non méritée; mais un écrivain peut louer ou blâmer, ainsi que bon lui semble. Il peut y avoir erreur, injustice, mais il n'y a rien qui constitue l'outrage; il n'y a pas eu de délit.... Si vous accueillez l'accusation, le journaliste sera admis à se défendre lui-même, ou par un conseil. Des exclamations négatives se font entendre à droite, M. de Macquillé s'écrie: *Videbimus infrà*.

»Ici, reprend avec force l'orateur, nous voyons *infrà* un déni de justice; ce sera un légitime sujet d'affliction pour ses amis, une terrible atteinte à cette considération que vous voulez défendre, ce sera une calamité publique.»

L'orateur rappelle que, en 1822, la chambre des pairs accorda un défenseur au rédacteur du *Drapeau Blanc*; mais il pense que la chambre écartera par l'ordre du jour la proposition de M. Salaberry, et tandis que des lois de la plus haute importance réclament tous ses instans et toutes ses méditations, elle ne s'amusera pas à peser les phrases d'un journaliste, et à donner pour la première fois depuis l'ouverture de la session, le spectacle ridicule et mesquin d'un écrivain traduit à sa barre.

Notre considération, dit-il en terminant, est en nous-mêmes. Si nous sommes des députés librement élus, nos électeurs lui ont imprimé un succès durable ; si nous sommes des députés fidèles, indépendans, nous la conserverons intacte et pure, et nous l'accroîtrons par de nouveaux services.

Il vote contre la proposition, et demande l'ordre du jour.

M. Chifflet soutient de nouveau la proposition; il s'oppose au renvoi de l'affaire devant les tribunaux. La chambre, dit-il, se doit à elle-même de se rendre justice.

M. Royer-Collard est appelé à la tribune. Le plus profond silence règne dans la chambre.

Messieurs, dit l'honorable orateur, je ne puis m'empêcher de trouver qu'on est timide dans cette discussion, et qu'on y redoute beaucoup trop de regarder l'accusation en face. On fait bien de s'adresser à la générosité de la chambre, qui ne sera jamais en défaut; mais on peut aussi s'adresser à sa justice, et je vais le faire avec confiance, persuadé qu'elle est capable et qu'elle est digne d'entendre la vérité dans sa propre cause.

L'article incriminé fait allusion à deux faits : l'un, qu'il y a beaucoup d'émigrés dans la chambre; l'autre, qu'il y a beaucoup de fonctionnaires. Ces deux faits sont de notoriété publique, et personne ne se défend de l'application ; les émigrés tiennent à honneur de l'avoir été, et les fonctionnaires, ce me semble, consentent parfaitement à l'être. (Rire général.)

Mais de ce qu'il y a beaucoup d'émigrés dans la chambre, le journaliste conclut que l'indemnité des émigrés a *été votée dans des intérêts personnels*, et que *la Chambre protège les courtisans;* de ce qu'il y a beaucoup de fonctionnaires, le journaliste conclut que *le crédit de la Chambre est singulièrement affaibli*, et qu'elle *protège surtout les commis*. Chacune de ces conséquences est téméraire, mal sonnante, irrespectueuse envers la chambre; je dirai même, si l'on veut, injurieuse, pourvu que l'on convienne qu'au moins l'injure n'est pas gratuite, et qu'elle tient plus de l'erreur que de la malice et d'un besoin pervers de diffamation. (Exclamations confuses à droite; interruption. — M. le président agite la sonnette, et le silence se rétablit bientôt.)

M. Royer-Collard reprend en ces termes : Je crois, moi, que les émigrés qui siègent dans cette chambre ont été mus, dans le vote de l'indemnité, par des considérations fort supérieures à leur intérêt personnel, mais il me plaît de le croire ; ni la raison, ni la morale ne m'en font un devoir. De même je crois que les fonctionnaires apportent dans la chambre, et qu'ils y conservent une parfaite indépendance; mais je ne suis pas obligé de le croire ni de le dire ; et si je crois et dis le contraire, je suis bien moins coupable que le ministre qui a publié si solennellement, et en tant d'occasions, qu'il est propriétaire des fonctionnaires, et que leur vote lui est irrévocablement engagé. (Légère rumeur. MM. de la Bourdonnaye et Hyde-de-Neuville font des signes d'approbation. M. le garde-des-sceaux prend des notes.) Sur cette partie au moins de l'accusation, continue l'orateur, faites le procès au ministère avant de le faire au journaliste; car ce sont les doctrines ministérielles qui l'ont égaré, et non pas, certes, des doctrines oisives, mais des doctrines pratiques, où le précepte est souvent confirmé par l'exemple. (Vive sensation.)

Messieurs, la prudence commune, cette prudence aussi vieille que le genre humain, enseigne que la situation particulière des hommes détermine leurs intérêts, et qu'il faut s'attendre trop souvent que leurs intérêts déterminent leurs actions. Là où le contraire arrive, il y a de la vertu; elle seule opère ce miracle. Je le dis donc hautement, je le dis avec l'autorité de l'expérience universelle : il a fallu de la vertu aux émigrés pour se dégager de leur intérêt personnel dans le vote de l'indemnité; il faut de la vertu aux fonctionnaires pour rester indépendans. Quel est maintenant le crime du journaliste ? uniquement d'avoir jugé la chambre vulgairement (rires et rumeurs), comme juge la prudence commune, comme juge l'histoire (nouveaux rires et légers murmures), et d'avoir cherché et trouvé l'esprit qui l'anime dans les lois ordinaires du cœur humain, plutôt que dans les lois extraordinaires de la vertu. Je comprendrais cette accusation là où le silence serait la loi du pays; mais là où la parole est la loi commune, et où chacun a le droit de dire ce qu'il a le droit de penser, le crime ne me paraît plus qu'une erreur, un tort plus ou moins grave, qu'on peut censurer, mais qu'on ne peut pas punir. Je vous le demande, Messieurs, quel serait le degré de servitude d'un peuple provoqué à parler, et qui serait condamné à trouver toujours de la vertu à ceux qui le gouvernent ? (Mouvement prononcé.)

Messieurs, quoi que vous fassiez, les faits auxquels le *Journal du Commerce* a fait allusion subsistent, et avec eux leurs conséquences naturelles. Vous ne pouvez pas faire taire les faits; ils crieront toujours plus haut que vous; mais vous avez une heureuse occasion de faire taire les conséquences. Faites voir que la grandeur de votre mission et la générosité de vos sentimens personnels vous élèvent au-dessus de ce qu'on appelle *la composition de la chambre*; montrez à la France que vous avez ses libertés à cœur plus que vos injures; prouvez au journaliste imprudent qui vous a méconnus, que vous savez protéger autre chose que les *courtisans et les commis*, et prouvez-le-lui en le protégeant lui-même contre une accusation démesurée, et plus dangereuse pour la liberté de la presse que le *Journal du Commerce* ne peut jamais l'être pour la chambre.

J'indiquerai, en terminant, une considération importante. Vous êtes juges dans votre propre cause; cette monstruosité vous avertit que vous ne jugez pas comme corps judiciaire, mais comme corps politique; d'où il suit que la conviction de la culpabilité ne suffit pas; il faut une raison politique. Or, cette raison ne pourrait être prise que du danger que courrait la chambre, et le danger ne pourrait venir que d'une suite d'attaques dirigées ou protégées par quelque autre pouvoir. Or, je n'ai pas besoin d'établir qu'il n'y a rien ici de semblable, et que ce n'est pas le ministère apparemment qui écrit dans le *Journal du Commerce*. Ainsi la raison de juger n'existe pas. Je demande l'ordre du jour.

M. Duterne prétend qu'il ne s'agit point de liberté de la presse, mais seulement de punir une insulte faite à la chambre, à laquelle on doit appliquer le mot si connu de César; il vote pour la proposition de M. Sallaberry.

M. Agier pense, au contraire, qu'il est de la dignité de la chambre de repousser la proposition; ce serait donner trop d'importance à un article de journal. La véritable source de sa force a du respect pour sa puissance, et dans cette indépendance noble et sage, qui consiste à adopter ce qui est bien, et à repousser énergiquement ce qui est mal. Il vote contre la proposition.

M. Delaage croit que le silence est la seule vengeance à tirer de l'article incriminé; il n'en insiste pas moins pour que le rédacteur soit traduit à la barre, et jugé par la chambre, sans quelle soit obligée de suivre les formalités judiciaires.

M. Benjamin Constant soutient que la liberté de la presse est la plus sûre garantie de la stabilité du gouvernement et du bien-être des nations. Quels sont, dit-il, les deux pays ou cette tranquillité s'allie à la liberté légale? la France et l'Angleterre. Le gouvernement le plus absolu de tous n'est-il pas menacé dans sa base, n'est-il pas en proie à des troubles, à des insurrections? Tous les Etats qui étouffent la liberté de la presse ne sont-ils pas travaillés de maladies internes, qu'elle prévient dans notre pays?

Il vote contre la proposition.

M. Josse de Beauvoir demande que le journaliste soit cité à la barre, et qu'après avoir été entendu avec le plus grand calme, la plus grande impartialité, il soit jugé conformément à la loi.

M. Sébastiani, comme MM. Méchin et Royer-Collard, aborde franchement le point principal de la discussion, et la réduit à cette seule question :

Dans un gouvernement représentatif, un écrivain périodique, un écrivain quelconque a-t-il le droit de demander, de provoquer la dissolution de la chambre des députés? La réponse sera faite par tous de la même manière.

Or, s'il est permis d'éclairer le monarque sur la position de la chambre élective, s'il est permis de demander son renouvellement, il faut bien qu'on puisse traiter toutes les considérations relatives à cette position. Aussi la loi a-t-elle spécifié les offenses qui pouvaient atteindre la chambre, quand elle a signalé l'outrage fait publiquement, d'une manière quelconque, à raison de leurs fonctions ou de leurs qualités, soit aux membres des deux chambres, ou de l'une d'elles, etc.

Ainsi l'écrivain qui attaque l'existence constitutionnelle même de la chambre, commet un délit grave et punissable; celui qui n'a exprimé que son vœu, le vœu de sa dissolution, use d'un droit qu'il a et dont l'exercice ne peut être puni.

Or, qu'a fait le journaliste? Il a, dans une série d'articles, établi que la chambre était un embarras pour le ministère. Ici, je ne partage pas son avis, mais je voudrais qu'il fût vrai. (On rit.) Il a dit qu'elle était dirigée par des intérêts personnels, en opposition avec les intérêts généraux; c'est l'opinion du journaliste; je n'y vois rien d'offensant pour la chambre. (Exclamations à droite.)

Il dit encore qu'elle est un embarras pour la nation; l'expression est condamnable (Ah!); mais elle n'est, après tout, que celle d'un vœu que je partage, celui de la dissolution. (Mouvement prolongé.) En Angleterre, la dissolution du parlement est tous les jours demandée et appuyée par des raisonnemens que je ne verrais pas avec plaisir employés par les journaux français, et qui sont bien autrement forts que les articles incriminés.

La conséquence est incontestable: s'il est vrai qu'un écrivain puisse demander la dissolution de la chambre, il est vrai qu'il doit pouvoir faire valoir les motifs qui la rendent nécessaire; et sur quel motif plus naturel peut-il se fonder, si ce n'est sur celui que la chambre a perdu la confiance de l'opinion publique? (Nouvelle interruption.) Je ne viens pas faire ici le procès de la chambre (On rit); j'établis un principe constitutionnel que tous les hommes impartiaux reconnaîtront avec moi.

Mais, dira-t-on, la loi a été tellement prévoyante qu'elle n'a pas borné aux corps politiques de l'Etat la garantie contre l'outrage à leur dignité, et qu'elle l'a étendue aux corps judiciaires. Messieurs, la chambre des pairs et les tribunaux ont besoin de cette garantie spéciale, parce qu'ils sont inamovibles. Les attaquer, ce n'est pas s'en prendre à des assemblées transitoires, qui peuvent être remplacées lorsqu'elles ne satisfont plus à leur mission: c'est attaquer l'Etat lui-même dans une de ses parties invariables; c'est mettre en danger sa constitution.

Mais demander la dissolution de la chambre élective, c'est réclamer l'application d'une clause réservée par cette constitution même; c'est avertir le monarque; c'est exprimer son opinion comme chacun peut le faire; et cette opinion, il faut le dire au risque de déplaire à quelques esprits trop susceptibles, n'a pas été exprimée cette fois d'une manière si offensante. (Vifs murmures.) Je vous demande la permission de vous le prouver.

« Le ministère, dit le journaliste, n'a rencontré jusqu'ici aucun contrôle dans les autres corps de l'état. » On ne contestera pas, je pense, cette proposition. « Celui, continue-t-il, dont le public devait attendre une protection spéciale, quoiqu'armé d'immenses pouvoirs, ne s'en est servi qu'au profit d'intérêts personnels ; » d'abord il n'est pas dit de vos intérêts personnels (interruption à droite), « qui malheureusement se sont trouvés en concurrence avec ceux du pays. »

Ici, Messieurs, rappelez-vous une discussion dont le souvenir doit être entier, celle de la loi d'indemnité. A cette époque, un orateur, donnant à cette tribune la statistique de la chambre, montrait par des faits dans quelle position se trouvait la majorité de cette chambre par rapport à la loi qu'elle allait voter. Le journaliste n'a donc fait que reproduire cette opinion en l'adoucissant, en la mitigeant beaucoup.

« Dans son état actuel, dit-il enfin, la chambre n'est plus guère qu'un embarras pour le ministère et pour la nation. » Cette opinion peut être erronée, mais elle est la sienne, et comme telle il a droit de l'exprimer. C'est justement là ce qu'il a dû dire pour motiver la dissolution, et il a pu le dire sans danger, parce qu'en vertu même de la constitution vous êtes un corps amovible.

Maintenant je suis forcé de rentrer dans ce qu'ont déjà dit d'autres orateurs. Vous allez commencer l'attaque contre la liberté de la presse, tout en vous montrant plus susceptibles envers un écrivain qu'envers ceux qui vous ont dit les mêmes choses avec beaucoup plus de force. (Murmures.) Cette attaque est calculée, combinée ; l'orateur qui a fait hier la proposition que vous discutez avait préparé son discours ; les ministres étaient installés sur leurs bancs ; d'autres orateurs ont monté à la tribune avec des discours écrits ; cette proposition a été faite inopinément, excepté pour les initiés ; les rôles enfin étaient tout distribués (nouveaux murmures), et tout cela pour donner le spectacle de citer à cette barre un écrivain obscur, le spectacle d'un petit jugement ! Croyez-vous par-là vous grandir ?

Vous n'atteindrez pas votre but, vous ne l'atteindrez pas plus que le ministère dans tout ce qu'il a tenté, parce qu'il est toujours hors du vrai, parce qu'il n'agit jamais avec sincérité, parce qu'il trompe ses partisans comme il trompe ses adversaires, parce qu'il trompe la nation comme il voudrait maintenant tromper le monde. (Vive agitation.)

MM. Humann et de Lézardière appuient l'ordre du jour contre la proposition de M. Sallaberry, qui est soutenue par MM. Fadatte de Saint-George, Syriès de Marynhac et Castelbajac.

On demande la clôture.

Au moment où M. le président va la mettre aux voix, M. Rouilles de Fontaine demande que l'assemblée vote au scrutin secret.

Cette demande, vivement discutée, est enfin adoptée.

Les ministres présens, MM. de Villèle, Corbière et Peyronnet, s'abstiennent de voter.

La proposition de M. Sallaberry est adoptée à la majorité de 189 voix, contre 110.

Restait à fixer le jour de la comparution de l'éditeur responsable du journal incriminé.

Des voix confuses crient à huitaine, à lundi, à quinzaine, à demain, au 1er. mars.

Cette dernière demande est adoptée. M. le président proclame la décision.

« La chambre, dit-il, ordonne, que l'éditeur responsable du *Journal de Commerce*, comparaîtra à sa barre le 1er. mars, pour y répondre sur des articles du 7 et du 11 décembre 1825. La chambre autorise le prévenu à se faire assister d'un avocat.

La séance est levée à cinq heures et demie.

22. — L'ordre du jour est la discussion sur les changemens au réglement proposés par M. Fournas.

La Chambre, après avoir entendu M. Beaumont contre le projet, M. Mestadier, qui ne l'admet qu'en partie et ne vote que pour la simple prise en considération, et M. Réveillère, qui s'oppose à toute modification au réglement existant, pouvait croire la discussion épuisée, lorsque M. Hyde-de-Neuville a motivé une nouvelle opinion négative sur des considérations toutes nouvelles.

Après avoir réfuté successivement les diverses propositions de M. Fournas, l'orateur, parlant du nouvel article additionnel, dont le but était de conférer au président le droit de nommer les commissions, soutient que s'il fallait changer le mode suivi jusqu'à présent, il faudrait y substituer la voie du sort, qu'il croit préférable à toute autre.

Le hasard, dit-il, serait peut-être moins aveugle que l'esprit de parti, car, vous le savez, messieurs, on élimine des commissions les membres de l'opposition. Les commissions ne sont nommées ni dans la chambre, ni dans les bureaux. (Murmures à droite) Non, Messieurs, reprend l'orateur, elles ne le sont ni dans la chambre, ni dans nos bureaux; elles le sont toutes à l'avance, de telle sorte que pour éviter toute erreur aux initiés, il vaudrait peut-être mieux en faire lithographier les listes. (On rit.)

Personne n'ignore qu'il existe à Paris une société de députés bons et loyaux qui se réunissent chez un hôte respectable, dont la courtoisie exerce sur eux une sorte de dictature. C'est là que les choix sont dictés, et que tout se combine pour écarter les membres qui, comme nous, sont forcés de faire de l'opposition. Que devons-nous faire dans de telles circonstances? nous devons, comme toutes les minorités, nous soumettre; mais vous, Messieurs, souvenez-vous que si les majorités moissonnent, elles gaspillent souvent, et que si les minorités ne font que glaner, du moins elles conservent. Toutefois, espérons bien de l'avenir, parce que la raison ne peut manquer de triompher. Pour moi, en attendant que cette puissance irrésistible nous rende la portion d'influence qu'elle finit toujours par obtenir, je vote contre les propositions de M. de Fournas, parce que j'aime encore mieux coopérer à une besogne mal faite qu'à un replâtrage.

La chambre décide à une très-grande majorité qu'elle ne prend pas la proposition en considération. Elle se sépare sans ajournement fixe, et se réunit dans les bureaux pour l'examen des divers projets de loi qui lui ont été présentés.

La séance est levée à trois heures un quart.

27. — Tout individu arrêté sans passeport et sans domicile connu, est réputé vagabond et nos lois le rendent passible d'un emprisonnement. Le sieur Victor David est arrêté et condamné à trois mois de prison comme vagabond, se plaint, dans une pétition adressée à la chambre, de son arrestation, qu'il qualifie d'*arbitraire*, et d'une soustraction d'une partie d'une somme de 1,350 fr., qu'il avait sur lui au moment de son arrestation; il demande à être renvoyé à la Martinique, lieu de sa naissance.

La commission a proposé le renvoi de cette pétition à M. le garde-des-sceaux.

M. Miron de l'Epinay demande l'ordre du jour.

M. Duhamel, rapporteur, répond que la commission a pensé que rien n'appelait davantage la surveillance de la chambre que tout ce qui intéresse la liberté individuelle. Il est d'ailleurs prouvé que la somme dont le pétitionnaire était porteur, n'a pas été déposée où elle devait l'être; qu'il y a eu *imprudence* et *légèreté* de la part des agens de la police judiciaire : la commission a cru, dans cette circonstance, devoir fournir à la chambre l'occasion de prouver qu'elle aura toujours les yeux ouverts sur les infractions aux lois qui garantissent la liberté individuelle.

Il persiste dans ses conclusions.

L'ordre du jour est mis aux voix : plusieurs membres du côté gauche, et un plus grand nombre du centre droit se lèvent. L'ordre du jour est adopté.

Des ecclésiastiques du Lot-et-Garonne réclament contre la modicité de leur pension, et sollicitent un secours. Cette pétition est vivement appuyée, et est renvoyée à la commission du budjet et au ministre des affaires ecclésiastiques.

Le sieur Rebouleau provoque des mesures répressives contre les marchés à terme. Le rapporteur de la commission conclut au renvoi de cette pétition au ministre des finances.

Elle donne lieu à des débats très-animés.

« C'est avec un sentiment pénible, et même douloureux, dit M. Hyde-de-Neuville, que je viens d'entendre donner une sorte d'approbation à ce qui est réprouvé par la morale et défendu par les lois. Ce que je viens demander, Messieurs, et ce que toute la France demande avec moi, c'est d'apporter enfin un terme à cet agiotage qui corrompt les mœurs, qui flétrit les âmes, et qui finirait par éteindre dans tous les cœurs le feu sacré du patriotisme. Je ne prétends pas traiter en ce moment cette importante question; j'ai voulu seulement détruire l'effet qu'auraient pu produire les paroles de votre commission, et je demande tout-à-la-fois que la pétition soit renvoyée à M. le ministre de la justice, parce qu'il s'agit d'une infraction aux lois, et au bureau des renseignemens, parce que mon intention est d'attaquer devant vous l'abus contre lequel réclame le pétitionnaire, et de faire une proposition de loi contre cette association financière, qui paraît jouir du privilége de se mettre au-dessus de toutes les lois. (Rumeurs diverses, chuchottemens.)

Quelques voix. — Le syndicat.

Je ne m'oppose pas, au reste, continue l'orateur, à ce que la pétition soit renvoyée à M. le ministre des finances. Toutefois, je préférerais qu'elle fût renvoyée à M. le président du conseil, parce que je me rappelle le mot de Louis XIV, qui disait : *Il y a deux hommes en moi.* J'espère que M. le président du conseil, cédant à des considérations de morale et de haute politique, réparera les fautes de M. le ministre des finances. (On rit.)

M. le ministre des finances demande la parole. Messieurs, dit-il, le pétitionnaire provoque des mesures répressives contre les marchés à terme qui se font à la Bourse. Or, voici ce que la législation a réglé à cet égard. L'article 421 du Code pénal porte que les paris qui auront été faits sur la hausse ou sur la baisse des effets publics, seront punis d'un emprisonnement d'un mois au moins, d'un an au plus, et d'une amende de 500 fr. à 10,000 fr.; et l'article 422 définit le pari : toute convention de vendre ou de livrer des effets publics qui ne seront pas prouvés par le vendeur avoir existé à sa disposition au temps de la convention, ou avoir dû s'y trouver au temps de la livraison. Il est donc évident que la législation ne se tait pas sur ce point, que ces articles du Code ne peuvent s'appliquer qu'au cas particulier qui se présente ici, et que les tribunaux seuls peuvent en faire l'application. J'attendrai la proposition qui nous est annoncée par le préopinant pour y répondre, comme je viens de le faire à celle résultant de la pétition.

M. Casimir Perrier : M. le ministre des finances vient de réduire la question à un point très-simple. On se plaint de l'inexécution des lois, et il a cru répondre en citant les articles 421 et 422 du Code. Il aurait pu citer aussi la loi qui a établi la Bourse et les agens de change. Sans doute ces lois existent; elles ont même été appliquées; les tribunaux ont jugé plusieurs fois dans leur sens. Mais il n'en est pas moins vrai, il n'en est pas moins évident pour tous que ces lois ne sont pas exécutées.

Qu'en faut-il conclure? que cette législation doit être mise en rapport avec nos mœurs, avec l'état actuel du crédit, avec nos besoins de tous les jours ; qu'elle doit être abrogée ou modifiée. Il est temps de faire cesser cet état abusif, qui surprend la bonne foi des particuliers, en les mettant entre les mains d'officiers publics, et en laissant ces mêmes officiers publics sous le poids de la mauvaise foi de ceux qui, ne pouvant satisfaire à leurs engagemens, viennent demander le bénéfice de la législation existante. M. le ministre des finances, qui connaît mieux que personne le mécanisme de la Bourse, serait le premier à proposer ces modifications, s'il n'était pas dans une position équivoque dans cette Chambre.

On dit que des lois existent, et qu'elles sont exécutées. Ce dernier fait est inexact. Les agens de change sont placés sous la surveillance d'un syndicat, sous celle d'un préfet de police, et en définitive sous celle de M. le ministre des finances. Eh bien ! tous les jours il se fait des marchés positivement défendus par les lois. Je dirai même qu'aucun agent de change ne pourrait exister si ces marchés n'avaient lieu. Tous se livrent à ces sortes d'opérations. Que faire? mettre, je le répète, la législation en harmonie avec les besoins. Ce n'est pas en disant que les lois existent, qu'on remédie aux abus qui naissent de leur inexécution. Rien de si abusif, au contraire, que des lois qui existent sans être exécutées. Il devient dès-lors indispensable de les changer. Par ce motif j'appuie le renvoi à M. le ministre des finances.

M. de Villèle: L'orateur que vous venez d'entendre prétend que la législation est insuffisante, et qu'elle doit être mise en harmonie avec les besoins actuels. Que demanderait-il donc ? Serait-ce de rendre encore plus difficiles les marchés à terme ? Il ne le paraît pas, d'après ce qu'il a dit. Serait-ce, au contraire, de les faciliter, de les légaliser? à cet égard, je pense que les lois existantes ont pourvu à tout ce qu'il pourrait demander.

Il a parlé de marchés contraires aux lois; mais j'ai dans ce moment sous les yeux un modèle de marchés à terme, sur lequel je trouve l'approbation d'une foule de banquiers et de négocians de la capitale, approbation motivée sur les considérations les plus graves, et j'y vois figurer la signature de l'orateur lui-même, auquel je réponds en ce moment. (On rit au centre.)

M. Casimir Périer, de sa place : C'est l'expression même de mon opinion.

Ils y déclarent, continue le ministre, que ces marchés sont dans l'intérêt du gouvernement et du commerce.

Il est certain que ces sortes de marchés sont une nécessité dans l'état actuel de notre crédit. Quant à ceux qui, à l'abri de ces facilités, ne remplissent pas les conditions exigées par les lois, s'ils sont appelés devant les tribunaux, ils sont condamnés. C'est un malheur pour eux et pour ceux qui ont contracté avec eux.

On a parlé aussi de position équivoque. Messieurs, il ne peut y en avoir que pour ceux qui ne font pas leur devoir; et dans toutes les occasions, je m'efforce de faire le mien. J'ai recherché avec la plus grande attention tous les moyens possibles de parer à cet agiotage effréné, qui porte sur tout ce qui peut s'y prêter; car on vend aussi à terme les eaux-de-vie, le sucre, le café. Mais quel autre remède possible que celui de la législation? J'ai jugé qu'il n'y avait rien à faire, si ce n'était de laisser aux tribunaux le soin d'appliquer la loi qui les arme suffisamment pour réprimer, autant que possible, l'agiotage, vis-à-vis duquel vous ne me trouverez jamais dans une position équivoque. (Bravos au centre.)

M. Hyde-de-Neuville: Je crois que les lois actuelles sont suffisantes pour réprimer l'agiotage; mais ce que je crois aussi avec la France entière, avec la France morale, alarmée des funestes progrès de l'agiotage, c'est que ces lois doivent être exécutées; et il est évident qu'elles sont chaque jour impunément violées. Jetez les yeux sur cette Bourse qui devrait appartenir au commerce licite et honorable, et dont la passion du jeu a fait un foyer d'intrigues et de désordres.

On a cru devoir parler de l'approbation de banquiers et de négocians recommandables; leur opinion est d'un grand poids pour moi sans doute; mais je lui opposerai une opinion qui doit prévaloir à mes yeux; c'est celle de la cour royale de Paris, qui a flétri ces sortes d'opérations.

Après avoir lu un passage de l'arrêt de cette cour, l'orateur déclare, en terminant, que l'association financière contre laquelle il s'élève, soit qu'elle joue, soit qu'elle ne joue pas, est contraire à la morale et en opposition avec les lois, et il persiste à demander le renvoi de la pétition au ministre de la justice.

M. Casimir Périer: M. le ministre des finances a essayé de me répondre par ce qu'on appelle un argument *ad hominem*. Je suis bien aise qu'il paraisse vouloir mettre à la mode ce genre d'argumentation, et nous aurons plus d'une fois occasion d'en faire usage, lorsque nous répondrons à M. le président du conseil. Mais en voulant me mettre en contradiction avec moi-même, il a entièrement méconnu ma pensée et oublié ce que j'avais dit. La signature de ma maison, sur le parère qu'il a cité, prouve précisément que je suis d'accord avec moi-même, et qu'alors, comme aujourd'hui, je regardais comme indispensable l'admission légale des marchés à terme qui sont maintenant défendus. Mais cela ne répond nullement à mon objection que, quand les lois existent, il faut les exécuter ou les détruire, ou les modifier.

Mais je vais démontrer encore plus positivement que, dans l'état actuel des choses, les officiers publics sont en contravention avec les lois, et en même temps sans garantie vis-à-vis des débiteurs de mauvaise foi. Le ministre a cité un modèle de marchés à terme que nécessiteraient les opérations faites à la Bourse. Eh bien! Messieurs, lorsqu'un marché semblable à celui dont on vient de parler est effectué, il semblerait, d'après ce que vient de dire M. le ministre des finances, que l'on est garanti de l'exécution, ou du moins de la légalité de ce traité, par la signature de l'agent de change, et cependant il en est tout autrement; et lorsqu'on demande justice aux tribunaux d'un acte revêtu de la signature d'un officier public, les tribunaux refusent d'en reconnaître la validité, par le motif que ces marchés sont défendus par les lois. Je dis que c'est cet état de choses abusif qu'il est indispensable de faire cesser. Si l'on ne veut pas de marchés à terme (et je crois que M. le ministre des finances est bien loin de n'en pas vouloir), il faut que les officiers publics ne puissent pas en faire; mais si on les regarde comme nécessaires dans la situation des choses et du crédit, il faut avoir le courage de demander la modification de la législation existante, et la mettre en harmonie avec les besoins et l'intérêt du public. Voilà, Messieurs, la véritable question; voilà la question que M. le ministre des finances n'a pas un seul instant abordée dans les réponses évasives qu'il m'a faites. En précisant ainsi le point de la discussion, je crois pouvoir dire avec confiance que le ministre s'efforcerait en vain de répondre, si ce n'est en convenant qu'il est indispensable de modifier la législation.

M. le ministre des finances : Je n'ai point prétendu user d'un argument *ad hominem*. J'ai dit que j'avais cherché si quelque chose était à faire pour remédier au mal dont on se plaint, que je n'avais rien trouvé, et pour prouver que ce n'était point là une erreur, je me suis appuyé de citations et d'arrêts. Ces arrêts prouvent assez qu'on ne marchande pas ceux qui violent la législation existante.

Les marchés faits en violation de la loi ne sont pas reconnus par les tribunaux, et cependant ils sont conclus par le ministère d'officiers publics auxquels la loi force aussi de recourir. On a cité l'Angleterre, où cette sorte d'officiers publics n'existe pas. Je demande si l'on croit que leur ministère soit une moindre garantie que l'intervention du premier venu ; je ne pense pas que la suppression de ces agens officiels fût un moyen de réduire l'agiotage, par cela même que leurs fonctions tomberaient aux mains de qui voudrait les prendre.

M. Casimir Perrier : Je n'ai pas dit un mot de cela; je n'ai nullement demandé la suppression des agens de change.

M. de Villèle : Vous avez parlé d'officiers publics qui compromettent vos intérêts. Je réponds que leur suppression ne les garantirait pas.

Quant au changement de la législation même, je ne vois rien qui le motive. Il n'y a d'ailleurs aucun moyen de parer aux inconvéniens qui se présentent. Le mal est ailleurs que dans la loi ; il faut convenir, avec M. Casimir Perrier, que, dans le système actuel du crédit, il est impossible de prévenir tous les malheurs, tous les excès de l'agiotage ; en tout état de choses, peut-être serait-il impossible d'y parvenir; et, je le répète, ce n'est pas seulement sur les fonds publics que s'exercent ces sortes de marchés, mais encore sur les sucres, sur les cafés, sur tout ce qui en est susceptible.

M. Bertin de Vaux : M. le ministre des finances a dit qu'un marché est légal quand le vendeur prouve qu'il a entre les mains l'objet vendu; il a oublié qu'un article du Code de commerce exige une condition non moins positive, c'est que l'acheteur ait aussi le prix d'achat en son pouvoir.

M. le ministre des finances a soutenu que les opérations du syndicat étaient légales, en ce sens qu'elles ne se composaient que de reports, ce qui suppose la possession réelle de la rente vendue. Sous ce rapport, je n'ai point à contester son assertion; mais l'acheteur n'a pas le prix de ce qu'il achète, c'est ce qui n'arrive jamais; les opérations du syndicat sont donc illégales, et tellement illégales, que si les acheteurs ne pouvaient pas lever les rentes, le syndicat serait obligé de les garder; il s'adresserait inutilement aux tribunaux.

La conséquence rigoureuse, c'est que les percepteurs des deniers publics ont été amenés par M. le ministre des finances à ces opérations contraires aux lois : c'est que les tribunaux les flétriraient, s'ils avaient, comme quelques agens de change, le courage de s'adresser à la justice. Dans ce sens, j'attends avec impatience la proposition que vous a annoncée M. Hyde de Neuville. (Aux voix !)

M. le ministre des finances : J'ai dit que quand la proposition annoncée serait faite j'y répondrais. Maintenant on accuse le syndicat des receveurs-généraux de se livrer à des opérations pour lesquelles il serait condamnable.

Plusieurs voix. — Plus haut! on n'entend pas.

M. de Villèle : Je réponds que s'il faisait des opérations condamnables, il serait condamné. Quant à moi, je crois qu'il ne fait que ce que font toutes les premières maisons de banque et de commerce de Paris, et qu'ainsi il n'est pas à craindre qu'il soit cité devant les tribunaux.

J'attends la proposition avec la certitude que ses auteurs prouveront qu'ils ne connaissent pas du tout l'organisation du syndicat, la nature de ses opérations, ni avec quel argent il les conduit.

M. Hyde de Neuville : Apprenez-le-nous.

M. de Berthier : J'appuie la proposition du renvoi à M. le ministre de la justice. M. le ministre des finances a bien senti qu'il ne répondrait pas. Il est généralement reconnu que les marchés à terme sont réprouvés par la loi; un jugement authentique l'a ainsi décidé. Or, s'il arrivait que M. le ministre des finances enfreignît la loi, il serait à désirer que la peine fût étendue à tout le ministère; si les agens à sa nomination font constamment de ces marchés illégaux, si le tableau en est inséré dans toutes les feuilles publiques, il faudrait pourvoir à ce que ces agens se renfermassent dans l'exercice légitime de leurs fonctions, à ce que ces feuilles ne publiassent plus la situation de transactions condamnables.

Les receveurs-généraux sont nommés par M. le ministre des finances, et par conséquent leur syndicat est de sa formation, sous sa dépendance et surveillance directes. Si ce syndicat, a-t-il dit, contrevient à la loi, il sera condamné; cela ne me regarde pas. Mon étonnement a été grand en entendant de telles paroles. Comment les receveurs-généraux qui violent la loi au vu et au su de M. le ministre des finances, ne seront pas récusés par lui, ne fût-ce que par leur destitution! (Aux voix! aux voix!)

M. le ministre des finances : On dit : si le syndicat viole la loi, il devrait être puni par le ministre des finances. L'orateur a l'air de croire que les marchés à terme sont illégaux: oui, quand ils participent d'un pari; mais toute opération légale, et dont les conditions peuvent se réaliser, n'étant pas interdite, les opérations du syndicat n'ont rien de contraire à la loi. Si les receveurs-généraux en font de punissables, tant pis pour eux; ils seront punis comme les autres.

On a demandé le renvoi de la pétition à M. le ministre de la justice; je ne m'y oppose pas; mais dans quel but sera ordonné ce renvoi ? Pour maintenir l'exécution de la loi ? Vous avez vu que dans cette discussion on s'est plaint de ce qu'elle est exécutée trop rigoureusement pour l'état actuel du crédit, avec assez de sévérité pour qu'on ait demandé qu'elle fût modifiée. Dans ce dédale d'observations contraires, il est difficile de trouver un point solide pour asseoir le terrain de la discussion. La proposition annoncée le fournira. A cette époque, j'espère n'être pas embarrassé pour saisir les objections et justifier tout ce qui dépend du ministre qui vous parle. (La clôture!)

M. le président : La demande de la clôture est-elle appuyée ? (Oui! oui!)

M. Casimir Périer : Je demande la parole.

M. le président : Vous avez eu la parole deux fois.

M. Casimir Périer : Si la Chambre ne veut pas entendre trois fois le même orateur, ce n'est pas au président à décider.

M. le président : Je ne décide rien; je consulte la Chambre. La clôture est-elle appuyée ? — Oui !

M. Casimir Périer : Je demande la parole contre la clôture.

M. le président : Vous avez la parole.

Messieurs, dit M. Casimir Périer, je prie la Chambre de ne pas fermer la discussion avant que j'aie rectifié un fait inexact.

Plusieurs voix — Parlez! parlez!

M. Casimir Périer : Nous sommes toujours placés dans une position défavorable dans des discussions où la question change à chaque instant de face. C'est en pareil cas que les ministres usent de leur privilège pour prendre plusieurs fois la parole, et par la même raison nous devons jouir d'une égale faculté.

M. Berthier l'a dit avec bien grande raison : il est inconcevable que M. le ministre des finances vienne nous dire que si le syndicat contrevient à la loi, c'est aux tribunaux à en punir les membres, comme si ce n'était pas aux ministres à empêcher leurs agens de se livrer à des opérations illégales. Les opérations du syndicat le sont, Messieurs, et sont précisément spécifiées par la loi comme telles, sans aucune exception. M. le ministre des finances est convenu que le syndicat opérait par reports; les reports sont réprouvés expressément par la législation, et ne sont en aucun cas légitimes : *attendu*, dit-elle, *que les marchés à termes sont contractés en contravention aux lois, ils sont formellement annulés.* Ceux qui font des reports et ceux qui les certifient violent également la loi d'une manière directe.

Il y aurait, à propos de cette discussion, des questions que M. le ministre n'a pas osé aborder, parce qu'elles conduiraient à parler des grands désastres, et à remonter jusqu'à la cause qui les a produits. Ce sont là des questions qu'il faudra bien traiter cependant. En attendant, ce qu'il faut changer dans la législation, ce sont les dispositions qui constituent des agens officiels dont le ministère est nul devant les tribunaux, pour une partie des transactions qu'ils concourent forcément à conclure.

La clôture est mise aux voix et adoptée.

M. le rapporteur : Je n'ai rien à ajouter aux réflexions présentées par divers orateurs et M. le ministre des finances; mais je regrette que mon rapport ait été entendu, comme à l'ordinaire, au milieu de conversations particulières; avec plus d'attention on se fût assuré que votre commission n'avait point établi de doctrines, mais seulement exposé des faits; qu'elle avait pensé que la réclamation du pétitionnaire était, dans l'état actuel du crédit, conçue dans des termes trop vagues et sans application actuelle.

Le renvoi à MM. les ministres de la justice et des finances, ainsi que le dépôt au bureau des renseignemens, sont ordonnés sans opposition.

Le sieur Bernard, militaire amputé, demande la suppression de la retenue des cinq pour cent, exercée sur les pensions des amputés.

M. le rapporteur des pétitions propose l'ordre du jour.

M. Sébastiani s'y oppose, et demande le renvoi au ministre des finances et à la commission du budget. L'ordre du jour est mis aux voix. L'épreuve paraît douteuse : le bureau consulté déclare que l'ordre du jour est adopté.

Quelques murmures s'élèvent à droite. M. de la Bourdonnaye s'écrie : C'est trop violent !

M. Le président fait observer que le bureau a prononcé; et s'il y avait eu erreur, il fallait se borner à le dire.

Le sieur Félix Mercier demande que les pétitions qui n'ont

pas été rapportées à une session le soient à la session suivante.

Cette pétition est appuyée par M. Peton; mais sur l'observation de M. le président, que lorsqu'on s'est adressé à lui, il s'est toujours empressé de donner l'ordre de les inscrire au bulletin des pétitions actuelles, l'ordre du jour est adopté.

M. Laurencin, troisième rapporteur de la commission des pétitions, ne peut être entendu. Son rapport est ajourné, attendu la convocation du comité secret.

M. Labourdonnaye appelle l'attention de la chambre sur l'affaire du *Journal du Commerce*. Le cas n'a pas été prévu par le règlement; il faut suppléer à cette lacune : le temps presse, l'injonction faite au journaliste prévenu doit être accomplie après demain. Il convient donc, ajoute l'orateur, de s'occuper à l'instant même de cette question, ou du moins dans la séance de demain; mais toujours en séance publique.

Plusieurs voix appuient cette observation.

M. le président ne peut, au terme du règlement, mettre aux voix l'observation de M. de Labourdonnaye. La Chambre ne peut être consultée que sur une proposition formelle et déposée sur le bureau.

Il cite à ce sujet les articles du règlement.

Cette explication ne paraît pas suffisante à quelques membres. Les débats deviennent plus vifs et plus animés entre M. le président, MM. Sébastiani et Royer-Collard.

M. Bourdeau vient déposer sur le bureau une proposition. Le calme se rétablit. Le président invite la Chambre à se réunir demain dans ses bureaux pour en prendre communication.

28. — M. Benjamin Constant, après la lecture du procès-verbal, insiste sur une rectification pour un fait qui lui est personnel (V. la séance d'hier) : il est appuyé par M. Casimir Périer. M. Castelbajac défend l'opinion de M. le président. L'assemblée passe à l'ordre du jour. M. Barrois est appelé à la tribune pour le rapport du projet de loi sur l'autorisation réclamée par la ville de Lille, pour une contribution extraordinaire.

M. de Rubis demande que la Chambre s'occupe immédiatement de l'examen de la proposition déposée hier sur le bureau par M. Bourdeau.

Le rapport de M. Barois et deux autres rapports sont ajournés. La parole est à M. Bourdeau, qui donne lecture des cinq articles de sa proposition relative à l'affaire du *Journal du Commerce*.

« Art. 1er. Avant l'ouverture des débats, on procède à l'appel nominal. Le nombre des membres présents est constaté au procès-verbal; eux seuls participent aux délibérations.

» Art. 2. Si l'accusé est déclaré coupable, la priorité appartient de droit à la proposition de la peine moindre.

» Art. 3. Les délibérations ont lieu au scrutin secret, par un *oui*, ou par un *non*, écrit sur des bulletins disposés à cet effet.

» Art. 4. Le vote autrement exprimé que par oui ou par

non, est annulé; les billets blancs comptent en faveur de l'accusé.

» Art. 5. La majorité se compose des 5/8ᵉ des membres présens, dénommés au procès-verbal, en vertu de l'article 1ᵉʳ.

L'orateur développe ensuite les motifs de sa proposition. Il motive surtout son opinion contre le mode de majorité simple, sur ce que la chambre étant juge dans sa cause, et juge souverain, elle devait à elle-même de donner à celui qu'elle accuse les plus fortes garanties de son impartialité.

M. Castelbajac, après avoir déclaré qu'il n'approuve pas dans toutes ses dispositions la proposition de M. Bourdeau, demande que, vu l'urgence, elle soit immédiatement envoyée à l'examen des bureaux.

M. Chifflet tâche de réfuter la proposition dans toutes ses parties; il repousse surtout toute dérogation au principe de la majorité simple. Il cite comme précédent, le mode suivi dans l'affaire de l'honorable M. Manuel.

« Quoi! dit-il, la majorité de cette assemblée recevrait-elle la loi d'une minorité, réunion étrange d'élémens dissemblables, et qui, chaque jour, nous attaque au moyen des feuilles périodiques dont elle dispose (agitation prolongée)? Non, c'est à la majorité à faire la loi.

M. de Labourdonnaye rappelle les argumens des orateurs qui insistent pour le mode de délibération à la majorité simple.

C'est bien mal saisir, dit-il, l'esprit de la loi qu'il s'agit d'appliquer. Lorsqu'en 1819 je vins le premier réclamer pour la chambre le droit de juger les insultes dirigées contre elle, il n'entrait pas dans ma pensée qu'elle dût s'armer de ce pouvoir de répression contre de simples individus, contre des journalistes. Nous sortions alors d'une espèce de tourmente qu'on pouvait presque dire révolutionnaire, durant laquelle la chambre de 1815, attaquée chaque jour avec fureur, avait enfin été écrasée par l'ordonnance du 5 septembre. Je crus alors qu'il fallait aux chambres des garanties contre les attaques d'un ministère qui compromettait le salut de la monarchie. (Bruyante agitation.)

Lorsqu'en 1822 les principes si long-temps dédaignés eurent triomphé, les mêmes motifs me firent acquiescer aux garanties accordées à la chambre par la loi qu'elle vota à cette époque. Aujourd'hui cependant on s'arme de ce pouvoir répressif, non plus pour protéger la chambre contre les tentatives du ministère, mais pour venir au secours du ministère contre l'opposition (violentes rumeurs: interruption). Oui, Messieurs, pour venir au secours du ministère contre l'opposition, que je ne chercherai point à justifier ici; j'aurais trop de considérations à faire valoir en sa faveur. Sans opposition, un gouvernement représentatif serait pire cent fois que la tyrannie presque toujours modifiée par l'oligarchie : ce serait le plus épouvantable de tous les gouvernemens; ce serait la convention avec une seule tête. (Nouveaux murmures.) Si aujourd'hui vous ne réprimez ces complots inconstitutionnels, il arrivera une époque où, par suite de la décomposition de l'esprit public, les journaux contraires à la majorité, tous abandonnés à ses vengeances, seront tour-à-tour écrasés. (Malgré les rumeurs qui luttent contre sa voix, l'orateur poursuit en ces termes) : Au lieu d'attaquer un journal que je ne défends pas, il y aurait plus de générosité, et en même temps plus de sagesse à réprimer les attaques imprudentes et scandaleuses auxquelles la minorité est chaque jour en butte. Comparez, Messieurs, les outrages qui lui sont prodigués par les journaux ministériels avec ceux que vous vous disposez à punir, et vous verrez de quel côté est l'inconvenance.

Les conséquences de ce système se réduisent à ceci : Plus de journaux d'opposition, plus d'opposition ni en dedans ni en dehors des chambres. Elle sera écrasée partout, parce qu'il n'y aura plus d'opinion publique. (Nouvelle interruption.)

Il faut déclarer ouvertement si c'est là le but où vous marchez, parce qu'alors il n'y a plus de gouvernement représentatif : alors (s'écrie l'orateur au milieu de murmures non interrompus), nous qui venions ici avec bonne foi défendre ce que vous voulez détruire, nous qui venions consolider par nos votes cette Charte que nos rois ont jurée, mais que la majorité repousse, nous nous retirerons et nous dirons à la France : Nous avons rempli notre mandat, que la majorité remplisse le sien. »

Obligé d'attendre un moment que le silence et le calme se soient rétablis, M. de Labourdonnaye reprend en ces termes : Vous devez, dit-on, procéder comme les tribunaux, puisque vous vous trouvez dans la même situation qu'eux : il n'en est pas ainsi. Les tribunaux sont institués pour juger les causes des citoyens ; leur juridiction, relative aux offenses dont ils peuvent devenir l'objet, n'est qu'exceptionnelle ; il faut en outre qu'il y ait en quelque sorte flagrant délit.

Mais vous, qui n'avez que des attributions législatives, vous allez être véritablement juges dans votre propre cause ; vous allez vous rendre justice à vous-mêmes, et cependant vous repoussez toute idée de garanties..... Confessez-le, Messieurs, le prévenu est condamné aujourd'hui même (violens murmures) ; tout ce qui se passera demain ne sera qu'un hors-d'œuvre ; tout au plus s'agira-t-il d'atténuer la peine. Sur quoi, en effet, aurez-vous demain à prononcer ? sur un fait matériel, sur un écrit que tout le monde connaît, que tout le monde comprend, sur un délit qu'on pourra, il est vrai, atténuer, mais seulement dans la question intentionnelle.

Vous poursuivez cet écrit parce que vous le croyez coupable : donc vous le condamnez.

Il vaudrait mieux condamner le prévenu purement et simplement dès aujourd'hui ; car vous nous faites perdre beaucoup de temps. (Rumeurs mêlées de rires.) J'arrive à l'orateur qui m'a précédé à cette tribune : long-temps nous avons marché à côté l'un de l'autre; et depuis même qu'il est entré dans une autre voie, je n'avais cessé de le regarder comme un loyal collègue, sur la bonne opinion duquel nous pouvions du moins toujours compter. C'est avec un douloureux sentiment de surprise que je l'ai entendu nous accuser aujourd'hui de porter le trouble dans cette chambre. (Agitation nouvelle.) J'oserai lui demander compte de cette accusation. De quoi s'agit-il? sommes-nous responsables de ce qui s'écrit? sommes-nous pamphlétaires? est-ce nous qui écrivons dans les journaux, et qui... (Une voix à droite: Oui.) L'orateur, d'une voix qui domine toutes les rumeurs : il y a de ces injures qui partent de trop bas pour m'atteindre : je ne les crains pas.

M. Chifflet, de sa place : J'accusais le parti qui nous est contraire d'attaquer par ses journaux *et cætera*. (Eclats de rire. M. Méchin adresse à l'honorable membre de vives interpellations que le bruit empêche d'entendre.)

Votre accusation, répond M. de Labourdonnaye, s'adressait à la minorité, à l'opposition de la chambre : vous avez attaqué tous les membres de cette minorité, quels que fussent leurs principes. (Interruptions nouvelles.)

On s'étonne de voir des royalistes dans l'opposition; on n'a pas encore osé dire que nous ne sommes pas royalistes; cela viendra peut-être. (On rit.)

Au nom de cette minorité que vous calomniez, je vous porte un défi : osez comparer vos discours, vos opinions de 1815, avec vos opinions, vos discours d'aujourd'hui : osez dire ensuite que vous soyez restés vous-même. (Tumultueuse interruption.)

Quant à nous, nous ne craignons point cette confrontation avec nous-même, parce que nous n'avons jamais fléchi, parce que nous n'avons jamais dévié de la ligne du devoir....... Répondez : en avez-vous fait autant?........ (Violens murmures.) Si vous ne pouvez vous rendre ce témoignage, de quel droit accuser notre conduite, calomnier nos intentions?...... Vous êtes bien coupables, poursuit l'orateur d'une voix émue, mais forte, vous êtes bien coupables...... Respectez du moins nos intentions; vous le devez, car elles ont pour garant et pour sauve-garde vos opinions de 1815....., Où est la caution des vôtres?

La vive émotion que j'éprouve m'empêche d'en dire davantage.... Il n'est pas ici un cœur français qui ne comprenne la peine que je ressens en faisant entendre ma voix, et la violence que je me fais en gardant le silence.

(Des murmures d'approbation se mêlent aux rumeurs qui se prolongent long-temps encore après que M. de Labourdonnaye est descendu de la tribune.)

M. Delborme combat la proposition de M. Bourdeau : Messieurs, dit-il en terminant, ce qu'il importe de ne pas perdre de vue dans cette session, c'est qu'on travaille à corrompre l'opinion, à avilir la chambre, et par là à arriver jusqu'au trône.

L'agitation qu'excitent ces dernières paroles dans toutes les parties de la salle, empêche de suivre dans ses développemens le discours prononcé ensuite par M. Féligonde en faveur de la proposition de M. Bourdeau

Le président se dispose à mettre aux voix la prise en considération de la proposition, lorsque M. Bourdeau réclame la parole.

« Avant de répondre, dit l'orateur, aux objections faites à ma proposition, je ne puis me défendre d'exprimer le sentiment pénible avec lequel j'ai entendu un des préopinans dire, qu'en corrompant l'opinion, en avilissant la chambre, on veut arriver jusqu'au trône. J'ai peine à concevoir que dans une chambre composée de royalistes, une pareille pensée eût pu se présenter à l'esprit de l'un de nos collègues. Ne suis-je pas obligé de croire que cette injurieuse attaque s'adressait indirectement à l'auteur même de la proposition (Bruyante interruption...... Non, non) : il est pourtant permis de l'entendre ainsi ; mais comme M. de Labourdonnaye, je sens que mon émotion est trop vive pour me permettre d'en dire davantage. »

L'orateur combat ensuite les observations de ses contradicteurs.

M. Dudon, sans entendre approuver la proposition de M. Bourdeau, pense qu'il y a lieu de la prendre en considération, attendu que la chambre doit prononcer demain.

La prise en considération est mise aux voix, et rejetée à une très-faible majorité.

M. Barrois, rapporteur de la commission pour l'autorisation réclamée par la ville de Lille, est appelé à la tribune, où il fait son rapport, que le bruit des conversations particulières empêche d'entendre.

M. Pardessus lui succède. Le président est parvenu à rétablir un peu le calme; et M. le nouveau rapporteur soumet à la chambre le travail de la commission chargée d'examiner le projet de loi relatif à l'indemnité de Saint-Domingue, sur lequel la commission a cru devoir proposer quelques amendemens.

L'impression et la distribution de ce rapport sont ordonnées.

M. le président invite MM. les députés à se trouver à la séance publique de demain à une heure, et à se conformer à l'article du réglement, qui les oblige à ne siéger qu'en costume.

SCIENCES ET LITTÉRATURE.

DES MALADIES DE LA LITTÉRATURE FRANÇAISE, *consultation sur son état actuel*. Le philanthrope Tissot ne s'était occupé que de la santé des gens de lettres de son temps ; mais s'ils étaient malades, la littérature du moins ne l'était pas. Il en est tout autrement aujourd'hui : des charlatans qui ont usurpé le titre d'hommes de lettres, envahissent les pensions et les honneurs académiques. Une maladie importée d'au-delà des monts, et qu'on appelle tendance, a frappé d'une sorte de paralysie morale les véritables talens. La tendance est vraiment contagieuse. Le mot et la chose ne sont pas français : le mal est bien connu, le remède est simple et facile ; mais il ne dépend pas de la Faculté de l'appliquer ; et l'ouvrage que nous annonçons et qu'on attribue au docteur Virey, annonce un talent original. Nous tremblons pour la santé du docteur, on ne se moque pas impunément de la tendance.

LES MONTAGNARDS, traditions dauphinoises, par Barginet, de Grenoble. De l'érudition sans prétention, un style brillant sans emphase, rendent la lecture de ce petit ouvrage aussi agréable qu'instructive. Les compatriotes du jeune auteur lui doivent des éloges et de la reconnaissance.

DICTIONNAIRE CLASSIQUE D'HISTOIRE NATURELLE, par M. Bory Saint-Vincent. Le volume qui vient de paraître offre la matière d'un grand ouvrage. L'article *homme* est un traité complet de sa nature et de ses facultés. Le temps des déclamations est passé ; le public n'attache plus d'importance qu'aux réalités ; et M. Bory Saint-Vincent obtiendrait de nouveaux droits à son estime et à sa reconnaissance en publiant séparément le volume que nous annonçons. Les ouvrages vraiment utiles ne sauraient être trop répandus. Nécessaires à toutes les classes de citoyens, ils doivent être par leur prix accessibles à toutes les fortunes.

FUNÉRAILLES DE BOTZARIS, par M. Paganel. La Grèce moderne a aussi ses familles héroïques. Celle des Botzaris occupera les plus belles pages de son histoire.

Ce panégyriste de l'illustre chef des Souliotes s'est élevé à la hauteur de son sujet. Il a pu être sublime et intéressant sans cesser d'être vrai. Son ouvrage fait autant d'honneur à son esprit qu'à son cœur. Le produit de la vente doit être versé dans la caisse de la Société philanthropique en faveur des Hellènes.

Les révolutions qui ont changé les gouvernemens du Nouveau monde, du moins pour la plus grande partie de ce vaste continent, fixent l'attention de l'Europe. Quarante ans d'une prospérité toujours croissante ont constaté les avantages inappréciables du gouvernement représentatif dans l'Amérique du nord. Les anciennes colonies espagnoles aspirent aux mêmes destinées. La dernière révolution qui paraît les avoir délivrées pour jamais d'un joug d'une métropole cupide et jalouse, semble consommée. M. Buchon vient de publier sa troisième et dernière livraison de *son Atlas historique, chronologique* et géographique, des deux Amériques et îles adjacentes.

Ce grand travail offre le tableau le plus complet du nouveau continent ; aussi a-t-il obtenu le plus brillant succès en France et dans l'étranger.

PHILIPPE AUGUSTE, par M. Parceval. Les poèmes épiques sont fort rares, ces grandes compositions n'appartiennent qu'au génie. L'ancienne mythologie offrait aux poètes de la Grèce et de l'Europe l'appui de leurs brillantes fictions. Les poètes modernes n'ont pas les mêmes avantages. L'Arioste et le Tasse ont emprunté au moyen âge ses génies fantastiques et ses enchanteurs. Le Dante et Milton ont peint à grands traits, dans leurs sombres et terribles compositions, l'enfer dans toutes ses horreurs, le paradis dans toute sa majesté.

Voltaire, s'appuyant sur les traditions du temps, a souvent peint son héros tel qu'il fut, plus souvent tel qu'il devait être. Le règne de Philippe offrait au génie du poète de plus grandes difficultés, et une époque moins connue, mais féconde en hommes et en événemens extraordinaires.

L'anarchie féodale était à son plus haut degré de puissance et d'audace ; les grands vassaux bravaient impunément l'autorité royale ; le système des *recommandations* semblait avoir consolidé pour toujours ce pouvoir colossal. Le plus mince seigneur s'érigeait en souverain indépendant ; le pouvoir royal n'était plus qu'un vain titre ; les rois ne régnaient véritablement que dans leurs domaines. C'était peu pour Philippe-Auguste d'avoir à lutter contre tant d'ennemis souvent divisés entre eux, mais toujours unis contre le monarque. Il rencontra dans sa famille même ses plus redoutables adversaires : sa mère, sacrifiant à son ambition les devoirs que lui imposaient la nature et l'honneur, arma l'Angleterre contre son propre fils.

Philippe triompha de tous ces obstacles, maintint par sa sagesse et la force de ses armes l'intégrité du territoire national, et y ajouta le Vermandois et d'autres pays qui en avaient été démembrés. Et prêt à combattre, dans une lutte décisive, l'Angleterre, l'Allemagne et le comte de Flandre, il ne voit plus que les dangers dont sa patrie est menacée ; celui qui pourra la délivrer de cette foule d'ennemis conjurés contre elle est seul digne de régner sur elle, et Philippe dépose sa couronne et l'offre au plus digne.... Des acclamations unanimes l'invitent à la reprendre, et bientôt il va s'en montrer digne dans les champs de Bouvines. L'espoir de la France ne sera point déçu : Philippe combat pour elle ; et les grands vassaux rebelles, faits prisonniers sur le champ de bataille, conduits à Paris et chargés de fers, apprennent à la capitale que la France est victorieuse et libre.

Le poète avait souvent des combats à décrire, et ses descriptions offrent des nuances toujours nouvelles et toujours brillantes.

Nous regrettons de ne pouvoir citer quelques-uns de ces tableaux dessinés avec des couleurs si vives et si vraies. Tout, dans cette grande composition, porte le cachet d'un talent de premier ordre. La féodalité respire sous les traits de l'ambitieuse et féroce Mélusine ; cette conception est aussi heureuse que hardie. A l'exemple d'Homère et de Virgile, les poètes épiques ne doivent traiter que des sujets nationaux ; et c'est un avantage que la France a sur l'Angleterre. Le

Paradis Perdu, justement admiré, aura moins de lecteurs que les poëmes épiques de Voltaire et de M. Parceval. Tout le monde ne peut pas apprécier les beautés qui n'appartiennent qu'à l'art; mais les sujets puisés dans l'histoire nationale ont un attrait irrésistible, et le lecteur le moins initié dans les secrets de l'art, s'estime heureux et fier d'appartenir à la même nation que les héros dont le poète lui rappelle les glorieux exploits.

Le poëme national de M. Parceval fera époque dans l'histoire littéraire de notre âge.

Les Jésuites, épitre à M. le président Seguier, par MM. Barthelemy et Mery. Les jésuites, cette milice ultramontaine, dont tous les parlemens de France ont signalé les crimes et l'ambition, que l'Europe chrétienne a si justement bannie, ont reparu plus audacieux, plus puissans. On contestait leur existence quand déjà ils possédaient de vastes établissemens et dominaient sur tous les points de la France alarmée. Souples, insinuans, c'est sans affecter la prétention la plus légère qu'ils marchent à la domination. Ils ont fait au Paraguay l'essai de leurs forces et de leur système de gouvernement. Ils flattent les pouvoirs existans dont ils méditent la ruine : écoutez les simples qu'ils ont séduits, vous répéter que les craintes qu'inspire leur apparition ne sont point fondées.

Les auteurs du poëme dont nous parlons, signalent avec autant de talent que de franchise les dangers de cette funeste sécurité....

> Tranquille sur le pont, le passager joyeux,
> Souriant à l'azur qui colore les cieux,
> Rend grâce à la fortune, et du pilote sage,
> Par un doute insensé rejette le présage.
> Il s'endort, et bientôt il voit, à son réveil,
> De l'ouragan prédit le lugubre appareil ;
> Et le vaisseau, jouet de la vague qui gronde,
> Chassé sur des rescifs, aux limites du monde.

TABLE SOMMAIRE

DES MATIÈRES CONTENUES DANS CE VOLUME.

Du 1er février au 10.

Ouverture des Chambres. — Le général Sébastiani nommé député. — L'empereur Nicolas. — Grèce. — Tombeau de Napoléon. — M. Bonnet. — Sépulture violée. — Genève et l'Amérique du sud. — Rienzy. — Discours du roi d'Angleterre. — Pétersbourg. — Lord Egeston et son dentiste. — Les assassins du changeur Joseph. — Midi. — M. Courvoisier. — M. Servière. — M. Lombard de Quincieux et les exécuteurs testamentaires de Napoléon. — Tartufe à Clermont. — M. La Chalotais. — Espagne. — Lettre de Satan. — Le prince Nariskin. — Le Drapeau Blanc et les danseurs à bénéfice. — Les deux masques. — Dette d'Henri IV. — La censure. — Plus de café de Foy. — Dissolution de mariage. — Traité de navigation et de commerce entre la France et l'Angleterre. — Adresse de la chambre des Pairs. — Académie française. M. Mathieu Montmorency. — Chambre des Députés, projet de contre-adresse. — Académie des Sciences — Assises de Melun, Guillaume. — Le pape Léon XII et le président de la république du Mexique.

Du 11 au 20.

Droit d'aînesse — Librairie, brevet. — Décès remarquables. — M. Dupin et ses frères. — Les nourrices. — Les deux Vieillards. — L'empereur Nicolas. — M. Fréteau de Peny. — Lord Wellington. — Les Grecs. — Le maréchal Marmont. — Le sergent Durosey. — Le comte Kornilien et la commune de Mouslon.

Du 21 au 28.

La petite maison. — Projet d'une nouvelle direction générale, M. Sallabery. — Comité Grec de Paris. — Le jésuite de Lyon. — La fille Cornier. — Pétersbourg. — Débats des Chambres. — Sciences et Littérature. Ouvrages nouveaux.

BULLETIN BIBLIOGRAPHIQUE DE FÉVRIER 1826.

On peut se procurer tous les livres annoncés dans ce Bulletin, chez l'éditeur M. Raymond.

Abeilles. Traité sur les ruches à l'air libre, par MM. Martin, In-8°, 4 fr.
Accouchemens (Précis de l'art des). Par Chevreul. In-12, 3 fr. 50 c.
Adultère (Nouveau traité de l'); par Bedel. In-8°, 3 fr. 50 c.
Amérique. Histoire des Voyages dans cette partie : par J. Dufay. 3 vol. in-12.
Anacharsis (Voyages du Jeune). Vol. in-8°, en 15 liv. (4ᵉ liv. 1 fr.)
Anatomie chirurgicale (Traité d'), par Alf et Velpeau. 2 vol. in-8°, 16 fr.
——— (Manuel d'), représentée en planches lithographiées. Par J. Cloquet. 250 pl. in-4°; par liv. de 3 Feuilles. (3ᵉ Livr. 3 fr. 75 c.)
Anatomiques (Planches) du corps humain, par Antormarchi; publiées par le comte de Lasteryc. In-fol°., (13ᵉ livraison, 25 fr.)
Annuaire français, ou Journal de 1825; par Trognon. 1 vol. in-18, 5 fr.
Anthropologie (Principes d'), par de Joannis. In-8°, 2 fr.
Arithmétique (Manuel d') démontrée; par Collin. 6ᵉ édit.; in-18. 2 fr. 50 c.
Arlincourt (le vicomte d'). Le Solitaire ; 11ᵉ édit., 2 vol. in-12, 6 fr.
Arpentage (Nouv. traité géométrique d'), par Lefèvre. 4ᵉ édit.; 2 vol. in-8°, 16 fr.
Art (l') de vérifier les dates, depuis 1770 jusqu'à nos jours; en 12 vol. in-8°. (Tom. 9ᵉ. 7 fr.)
Arts et métiers et des Beaux-arts (Géométrie et mécanique des), par le baron Ch. Dupin. 3 vol. in-8°; (Tom. 2.)
Asie (Tableaux historiques de l'), par Klaproth. 5ᵉ Livr.
Atlas géographique, statistique, historique, etc., des Deux-Amériques. trad. d'après Le Sage, par Buchon. In-fol°. 120 fr.
Barante (de). Histoire des Ducs de Bourgogne. Édition in-8°, (tom. 9, 10, 11 : 15 fr. Deuxᵉ. édit., in-12, tom. 17 à 21, 15 fr.)
Bazar Parisien ; 1 vol. in-8°, 8 fr.
Bernardin de Saint-Pierre (OEuvres de). 12 vol. in-8°; (tomes 3 et 4.)
Bibliothèque dramatique, publiée par MM. Ch. Nodier, Lepeintre, etc. édition en 80 volumes au moins. (Tom. 5. 8 fr. 50 c.)
Bibliographie moderne de la France. 5 vol. in-8°; (tom. 1ᵉʳ, 7 fr. 50 c.)
Biographie des Quarante de l'Académie. 2ᵉ édit., in-8°, 6 fr.
——— Septennale des Députés, 1 vol. in-8°., 6 fr.
Bois (Guide de la culture des), ou Herbier forestier; par Duchesne. 1 vol in-8°, et 64 planches In-fol°. 80 fr.
Bonnelier (Hippol.). Les Vieilles Femmes. 2 vol. in-12, 6 fr.
Bossuet (OEuvres de). 60 vol. in-12. (Tom. 7. 8; 6 fr.)
Brevets (Instruction à l'usage des personnes qui possèdent ou qui veulent obtenir des). Prix, 50 c.
Buffon. Édit. en 28 vol. in-8°: Paris, Baudouin frères, (tom. 15, 8 fr. 50 c.)
——— en 40 vol. In-8°; Paris, Verdière, (T. 7, 33, 11 fr.)
Bug Jargal, par l'auteur d'Han d'Islande. 1 vol. in-18, 6 fr.
Campagnes de France, 1814, 1815 (Résumé des). In-18, 3 fr. 75 c.
Campan (Mᵐᵉ). Théâtre d'Éducation. Paris, 14 fr.
Campe. Bibliothèque de l'enfance; 2ᵉ édition. 2 vol. in-18, 3 fr.

Chevalerie (Mémoires sur l'ancienne), par de Sainte-Pelaye; édit. publiée par M. Ch. Nodier. 2 vol. in-8°, 15 fr.
Chroniques nationales françaises (Collection des), publiées par Buchon. (13ᵉ Siècle.) In-8°, 6 fr.
Classiques en miniature, en 50 vol. in 48. (Molière, tom. 2. 3; 4 fr.)
——— français (Collection des), en un seul volume. Paris, Roux-Dufort. (16ᵉ livraison. 2 fr.)
——————— in-8°; Paris, Lefèvre; (Tom. 40. 8 fr. 50 c.)
Clergé de France (Almanach du), pour 1826; in-12, 5 fr.
Commerce et de l'industrie (Résumé de l'histoire du), par Adolphe Blanqui. 1 vol. in-18, 2 fr. 50 c.
Communes (Droits des) sur les biens communaux; par Latruffe Montmeylian. 2 vol. in-8°; 15 fr.
Conseils municipaux (Législation des), par Durieu; 1 vol. in-8°, 6 fr.
Cuba (Aperçu statistique de l'Ile de), par B. Huber; 1 vol. in-8°, 7 fr.
Desbarrières. Le prisonnier de guerre, 2 vol. in-12.
Desmarais (Cyprien). Le Temps présent, 1 vol. in-8°.
Diagnostic, etc. (Traité de), par Rostan. (Tom. 1ᵉʳ; 7 fr.)
Dictionnaire des Arts, par Boutard. 1 vol. in-8°, 10 fr. 50 c.
Discours du Trône (Collect. des) : 1814 à 1826. In-8°.
Distillateur liquoriste (Manuel du), par Lebeaud; 1 vol. in-18, 3 fr.
Don Quichotte (Hist. de), trad. par Filleau Saint-Martin. 6 vol. in-8°., (Tom. 1ᵉʳ; 3 fr. 50 c.)
Droit français (Précis historique du), par Fleury, continué par Dupin. 1 vol. in-18, 2 fr.
Dulaure. Esquisses historiques des principaux évènemens de la Révolution; 2ᵉ édit., Paris, Delonchamps. (6ᵉ liv.)
——— Paris, Beaudoin frères, (23 livr. 3 fr. 50 c.)
——— Histoire physique, etc., des environs de Paris, en 5 vol. in-8°. (7ᵉ liv. 7 fr. 50 c.)
Écosse (Vues pittoresques de), en 12 livraisons in-fol°; (2ᵉ livr. 13 fr.)
Édifices de Rome moderne, publiés en 14 livr.; (3ᵉ livr. 6 fr.)
Edmond Pelouze. Écarts et progrès de la raison humaine, 1 vol in-8°.
Église gallicane (Libertés de l'), par Dupin; 2ᵉ édit. 1 vol. in-18, 3 fr.
Falletti. Vocabulaire français, italien, anglais. 1 vol. in-16, 6 fr.
Fénélon (Œuvres de), 12 vol. in-8°. Paris, Dufour, (tom. 4. 5; 12 fr.)
Féodaux (Noms), ou noms de ceux qui ont tenu fiefs en France. 2 vol. in-8°, 20 fr.
Fléchier, 10 vol. in-8°; (Tom. 3. 6 fr.)
Fournier-Verneuil. Paris, tableau moral et philosophique. 1 vol. in-8°, 8 fr.
Foy (le général), (Discours du). 2 vol in-8°, 12 fr.
Galerie de S. A. R. Madame la Duchesse de Berry, publiée en 30 livr. (21ᵉ liv.; 18 fr.)
Galerie lithographiée des Tableaux de S. A. R. Monseigʳ. le Duc d'Orléans, publ. en 50 livr.; (15ᵉ livr., 15 fr.)
Gay (Mˡˡᵉ Delph.). Nouv. Essais poétiques, 2ᵉ édit., in-18, 4 fr.
Gercy (Madᵐᵉ de). Marguerite d'Alby, 2ᵉ édit., 1 vol. in-12, 3 fr.
Histoire d'Angleterre, par Lingard. Trad. de l'anglais; édit. d'environ 10 vol. in-8°. (T. 4. 6 fr.)
——————— par Hume; 21 vol. in-8°, 2ᵉ édit., (T. 12, 6 fr.)
——— du Bas-Empire, par Lebeau; 20 vol. in-8°. (tom. 4, 6 fr.)
——— des Empereurs romains, par Crevier : 8 vol. in-8°, (tom. 4, 6 fr.)

———— de France en estampes : in-8°, oblong, 2ᵉ édit. 10 fr.
———— (Instructions sur l'), par Constant Letellier; 12ᵉ édit., 2 vol. in-12, 6 fr.
———— des Républ. italiennes, par Simonde de Sismondi. Nouv. édit., en 26 vol. in-8°. (Tom. 24. 7 fr.)
Humphry Clinker (Voyages de), trad. de l'anglais ; 4 vol. in-12, 8 fr.
Insectes coléoptères (Hist. naturelle et Iconographie des), par Latreille et le comte Dejean, en 14 ou 16 vol. (3ᵉ liv. 4 fr.)
Jay et Jouy. Les Ermites en prison. 6ᵉ édit., 2 vol. in-12, 8 fr.
Jérôme. Recueil de fadaises, etc. 2 vol. in-8, 10 fr.
Jésuites (Etrennes aux), 1 vol. in-18, 2 fr. 50 c.
———— (Précis de l'histoire des), par A. J. B. ; 2 vol. in-18, 8 fr.
Kercheville ou les Originaux, 4 vol. in-12.
Koch (Ch. Paul) Dupont, 4 vol. in-12, 12 fr.
La Fontaine (Œuvres de J.), en 15 liv. in-18, (7ᵉ liv., 1 fr.)
La Harpe. (Voyages de). 24 vol. in-8°. (Tom. 21 à 24 ; 24 fr.)
Laure et Sophie, ou les deux extrêmes; par J. C. L. P*** D***. 2 vol. in-12.
Lavaux (J. Ch.). Dictionnaire synonymique de la langue française. 1 vol. in-8°, 15 fr.
Lois françaises (Recueil général des Anciennes), par MM. Isambert, Jourdan, etc. 6ᵉ liv., 2 vol. in-8°, 14 fr.
Lyonnais (Résumé de l'histoire du), par Jal. In-18, 3 fr. 50 c.
Machines à vapeur (Description des), par Nicholson ; trad. de l'Anglais. 1 vol. in-8°, 5 fr.
Magnétisme animal (Lettres physiol. et morales sur le), par Amédée Dupau; 1 vol. in-8°, 5 fr.
Mammifères (Hist. naturelle des), par Geoffroy Saint-Hilaire et Cuvier. 6 vol. in-4°, en 60 livraisons. (1ʳᵉ Liv. 9 fr.)
Margrave d'Anspach (Mém. de la), trad. par Parisot; 2 vol. in-8°, 14 fr.
Marins (les Jeunes), par V***. 4 vol. in-12, 16 fr.
Massillon (Œuvres de). Paris, Méquignon-Havard ; édit. en 1 vol. in-8° en 12 liv. ; (1ʳᵉ liv., 2 fr.)
Médecine sans médecin (la), 6ᵉ édit., 1 vol. in-8°, 6 fr.
Minéralogie (Introduction à la), par Alex. Brongniard; 1 vol. in-8°, 4 fr. 50 c.
Missionnaire (le) de l'Oratoire, par le P. Le Jeune. Édit. en 15 ou 16 vol. in-8°. (Tom. 7. 3 fr. 50 c.)
Molière (Œuvres de), 8 vol. in-8°. Paris, Lefèvre ; (tom. 7, 8 fr. 50 c.)
———————————— 6 vol. in-8°. Paris, Sautelet ; (tom. 5, 3 fr. 50 c.)
———————————— Édit. publiée par Auger, (9ᵉ vol. et dern., 10 fr.)
Monumens de la France, par le comte Alex. de Laborde ; (23ᵉ liv, 18 fr.)
Morale (Résumé de), par Parisot; in-32, 3 fr. 50 c.
Morillos (Mémoires du général), 1 vol. in-8°, 6 fr.
Nubie (Antiquités de la), par F. C. Gau; (12ᵉ liv., 18 fr.)
Olivier, 2ᵉ édit., 1 vol. in-12, 4 fr.
Plutarque (Œuvres de), trad. par Ricard ; Paris, Brière, (3ᵉ liv.)
Ponts (des) en fil de fer, par Seguin : 1 vol. in-4°. 2ᵉ édit., 5 fr.
Pradel (Eug. de). La Marotte de Sainte-Pélagie; nouv. édit., in-18, 3 fr. 50 c.
Priviléges, etc. (Opuscules financiers sur l'effet des), par J. J. Fazy; 1 vol. in-8°, 5 fr.

Procédure civile (Code de), expliqué par les motifs, etc. ; par Rogron. 1 vol. in-18, 7 fr.
Procédure civile des Tribunaux, par Pigeau ; 4ᵉ édit., 2 vol. in-4°. 42 fr.
Proverbes dramatiques, par Th. Leclercq ; 4 vol. in-8°, 28 fr.
Pyrétologie physiologique, par Boisseau ; 3ᵉ édit. 1 vol. in-8°, 9 fr.
Raban. Le Prisonnier ; 3 vol. in-12, 7 fr. 50 c.
Rabaud de St. Étienne (OEuvres de), édit. publ. par Collin de Plancy. 2 vol. in-8°, 14 fr.
Racine (Jean). 5 volumes in-8°, (Tom. 2, 3 fr. 50 c.)
Raymond. Notice historique sur les persécutions et le dévouement d'un Émigré. 1 vol. in-12, 4 fr.
Remusat (A.). Mélanges Asiatiq. ; 2 vol. in-8°, 14 fr.
Renneville (Mᵐᵉ de). Zélie, ou la bonne fille ; 1 vol. in-18, 2ᵉ édit., 1 fr. 50 c.
Répertoire du Théâtre-Français, 2 vol. in-8°, en 40 livr. ; (12ᵉ liv., 2 fr.)
Révolution française (Histoire numism. de la), en 8 liv. (1ʳᵉ liv., 12 fr.)
Rhétorique française (Exercices, ou), par Dubois ; 1 vol. in-12, 3 fr. 50.
Rollin. Édit. publ. par Guizot, 30 vol. in-8°. Paris, Lequien, (T. 22, 5 fr.)
Roses (Les), par Redouté ; publ. en 40 liv. (26ᵉ liv. 3 fr. 50 c.)
Rousseau (J. J.). 1 vol. in-8°. en 25 liv. Paris, Sautelet. (22ᵉ liv. 2 fr.)
——————— 25 vol. in-8°. Paris, Feret. (T. 21. 3 fr. 50 c.)
——————— 25 vol. in-8°. Paris, Dalibon. (Tom. 7, 5 fr.)
Shéridan (Rich. Brinsley) (Mémoires sur), par Th. More ; 2 vol. in-8°, trad. de l'angl., 14 fr.
Tachographie, enseignée en cinq leçons ; 2ᵉ édit., in-8°, 1 fr. 50 c.
Tempéramens ou constitutions (Physiologie des), par Thomas ; 1 vol. in-8°, 4 fr. 50 c.
Vénériennes (Traité complet des Maladies), par Jourdan ; 2 vol in-8°. 14 fr.
——————— Éveil à l'attention universelle, etc. (Sur le même sujet), par Lepelletier, 2ᵉ édit., in-8°, 3 fr.
Viardot. Lettres d'un Espagnol, 2 vol. in-8°.
Viennet. Épître à l'empereur Nicolas ; in-8°, 1 fr. 25 c.
Vies des Saints, 2 vol. in-8°, en 12 liv. ; (6ᵉ liv., 7 fr.)
Virginie, ou la Vierge chrétienne, 2 vol. in-12.
Volney (OEuvres de), 8 vol. in-8°. (Tom. 2 ; 7 fr.)
Voltaire (OEuvres de), 1 vol. in-8°, en 70 liv. — (26ᵉ liv. 2 fr.)
——————— 75 vol. in-8°. Paris, Dalibon, (T. 52, 53 ; 12 fr.)
——————— 75 vol. in-18. Paris, Fortic, (T. 2, 38 ; 4 fr.)
——————— 70 vol. in-8°. Paris, Dupont, (T. 14 ; 5 fr.)
——————— Paris, Baudouin frères, (T. 50 ; 3 fr. 50 c.)
——————— 2 vol. in-8°, en 60 liv. ; (liv. 26, 27, 4 fr.)
——————— Collection de cent gravures, pour les OEuvres de) In-octavo et in-douze, 10ᵉ. Livr. de 4 Pl., 2 fr. 50 c.)
Voyages pittoresques en Sicile, en 25 liv. in-fol°. (23ᵉ liv.)

www.ingramcontent.com/pod-product-compliance
Lightning Source LLC
Chambersburg PA
CBHW060151100426
42744CB00007B/990